# LA AGENDA GLOBALISTA ES REAL, PROVOCADA POR EL HOMBRE Y PELIGROSA

La gran amistad entre el Gran Reseteo y el Covid-19

# La agenda globalista es real, provocada por el hombre y peligrosa. La gran amistad entre el Gran Reseteo y el Covid-19

Escrito por César Andrés Muñoz Madrigal entre Diciembre del 2020 y Enero del 2021.

L'Hospitalet de Llobregat, Barcelona, España.



La agenda globalista es real, provocada por el hombre y peligrosa. La gran amistad entre el Gran Reseteo y el Covid-19

Escrito por César Andrés Muñoz Madrigal entre Diciembre del 2020 y Enero del 2021.

L'Hospitalet de Llobregat, Barcelona, España.

# CONTENIDO

# Prólogo

El 16 de Mayo del 2013 el entonces presidente de Estados Unidos Barack Obama dijo en su cuenta de Twitter: "El noventa y siete por ciento de los científicos están de acuerdo en que el cambio climático es real, provocado por el hombre y peligroso". De aquí viene el nombre del título del presente libro. El presidente Barack Obama muy posiblemente sabía que lo que decía era falso y no estaba lo suficientemente probado, ya que los presidentes siempre tienen consejeros o consultores que les guían e informan acerca de diferentes temas para la toma de decisiones, pero la verdad es que la teoría del cambio climático forma parte de los dogmas de una agenda globalista, y de que el entonces presidente de Estados Unidos, Barack Obama, es simplemente un propulsor y vocero de esa agenda como muchos otros políticos por el mundo sometidos a ella.

Lo curioso de esta afirmación es que realmente no hay un noventa y siete por ciento de acuerdo entre científicos respecto a que el cambio climático sea real, sino que el porcentaje es mucho menor como explicaré más adelante en el capítulo referente al calentamiento global, ni tampoco está demostrado que la teoría del cambio climático peligroso (porque simplemente es una teoría no probada, aunque así lo quieran afirmar) o anteriormente denominado calentamiento global sea provocado por el hombre o realmente peligroso.

De hecho a la teoría del calentamiento global, tan amplia y repetidamente difundida por los medios de comunicación, se le cambió el nombre de "calentamiento global" a "cambio climático" después de que muchas predicciones catastrofistas al respecto no se cumplieran (desaparición de glaciares, subida del nivel de los mares que teóricamente haría desaparecer las playas, las islas o regiones enteras para el pasado año 2020, temperaturas extremas, etc.), de la misma manera que a un partido político le bautizan con un nombre diferente cuando ha salido a la luz algún caso de corrupción grande dentro del mismo, y quieren lavar la imagen de éste cambiándole el nombre.

Así con muchas ideas en mente dedico este libro a todas aquellas personas que se plantean ahora en el 2021 o que se preguntarán años posteriores en qué fase de la historia estamos, a dónde vamos a ir a parar y cómo será el mundo después de la presente pandemia (o plandemia =plan+pandemia=pandemia planificada).

Así también este libro debería servir como aviso a navegantes tanto cristianos como de cualquier otra creencia, ya que aunque haya personas no religiosas que estén de acuerdo con algunos de los dogmas de la agenda globalista como la ideología LGTBIQ+, o con el aborto o la eutanasia, posiblemente no lo estarán tanto con otras dogmas de esta agenda como la migración masiva y descontrolada entre las naciones, o el hecho de que con la excusa de que los países van a provocar calentamiento global con la emisión de gases de efecto invernadero, los líderes supranacionales de la agenda globalista impidan que una nación soberana pobre pueda crear su propia industria o infraestructuras, impidiendo de esta manera su desarrollo, lo cual obedece también a esta agenda supranacional impuesta para poder vaciar a la nación progresivamente de su identidad cultural, de su soberanía política e independencia financiera y económica. También es posible que muchas personas no estén de acuerdo, por ejemplo, con otro de los dogmas de la agenda globalista como la legalización del tráfico y consumo de las drogas, que es utilizada como medida de subversión social y económica e impulsada abiertamente por el magnate de los negocios George Soros.

Así pues ni la existencia de la agenda globalista ni sus intenciones en contra de los intereses de los Estados democráticos debería ser puestas en duda, ya que el mismo David Rockefeller, banquero y hombre de negocios multimillonario de la dinastía Rockefeller, fundador de organismos surpranacionales globalistas como la Comisión Trilateral, miembro de la junta directiva desde 1949 del Consejo de Relaciones Exteriores y miembro participante desde su inauguración del Club Bilderberg, etc. escribió en su libro titulado "Memorias" publicado en el año 2002: "Algunos me acusan de trabajar contra Estados Unidos y de ser internacionalista habiendo creado una política y economía global mundial, no sólo me declaro culpable de ello sino que me siento orgulloso".

De hecho esta afirmación de David Rockefeller implica dos cosas: el reconocimiento de que la agenda globalista existe y de que trabaja contra los intereses de las naciones soberanas, es decir que no tiene muy buenas intenciones. Por lo tanto cuando hablamos de agenda globalista, no deberíamos pensar que se trata de una teoría de la "conspiración" más, sino de algo que sus propios miembros han reconocido como cierto.

Sin embargo no debemos confundir la agenda globalista que es una agenda supranacional mundial impuesta a las naciones con globalización. De hecho globalización es el hermoso hecho de poder disfrutar de algo que está fabricado en otro país, por ejemplo, o de podernos conectar mundialmente vía videoconferencia, es decir, es un proceso de interconexión global que mayormente permite internet y las nuevas tecnologías de relacionarnos con personas de diferentes partes del globo o de poder obtener  productos y servicios provenientes de otras partes del mundo.

Por otro lado hay muchas personas que creen que después de acabada la pandemia y con el tiempo todo volverá a la normalidad, es decir, consumiremos, trabajaremos, viajaremos, etc. como antes de Marzo del 2020, mientras que los líderes de las entidades globalistas supranacionales como el mismo presidente del Foro Económico Mundial, muchos medios de comunicación, líderes políticos y banqueros afirman que no será así, y que después de acabada la pandemia del Covid-19 habrá una "nueva normalidad" diferente después de una Gran Reseteo, y no la misma normalidad anterior a la pandemia.

De hecho la expresión "nueva normalidad" ya surgió entre líderes de entidades supranacionales, políticos, sanitarios y economistas de todo el mundo en poco tiempo justo después de  declararse la pandemia del Covid-19 por la ONU a principios de Marzo del 2020. Y lo curioso es precisamente que esta expresión fue acuñada y adoptada de forma prácticamente simultánea por líderes de todo el mundo como si un poder por encima de ellos se las hubiera impuesto. Generalmente cuando una nueva realidad acontece en un escenario donde hay plena libertad de actuación y de expresión, habría personas que lo explicarían con unas palabras y otras personas con otras, pero precisamente una serie de términos como "nueva normalidad" se empezaron a utilizar y a resonar de forma simultánea en los medios de comunicación de todo el mundo. ¿Será casualidad o el fruto de la presión de una nueva agenda global o nuevo orden mundial?

Obviamente sé que lo dicho en el párrafo anterior suena un poco a conspiración paranoica, pero a medida que el lector vaya avanzando por este corto libro podrá darse cuenta de que no se trata de una teoría de la conspiración sino de una agenda real, provocada por el hombre y peligrosa que es la agenda globalista y a la que muchos líderes, como los últimos tres papas católicos incluidos el actual papa Francisco, han denominado comúnmente como un "Nuevo Orden Mundial", cuyas siglas en inglés serían "NWO" (New Word Arder), como muchas veces se le conoce.

# 1

# Introducción y presentación del escenario general

Vivimos en un mundo marcado por una agenda globalista y cada vez ésta se expone de forma más evidente y pública. A pesar de ello por un lado hay muchas personas que no creen realmente que esta agenda exista, o que piensan que si la hay tampoco puede influir realmente en los gobiernos de las naciones del mundo para que cambien sus políticas o sus decisiones. Por esta razón este libro tiene la misión entre otras de mostrar las evidencias de la existencia de la agenda globalista, o al menos algunas de ellas y las más claras a estas personas que dudan de ello, y de que estas entidades globalistas supranacionales realmente presionan a los gobiernos para que se tomen unas medidas concretas en contra de los intereses democráticos de las naciones soberanas, y de que realmente representan un peligro para personas de cualquier creencia, ya que lo que está en juego es la supervivencia de la democracia, y de nuestros derechos y libertades individuales.

Entonces, ¿cuáles son los dogmas de la agenda globalista y cuál es la razón para la imposición estos dogmas?

Los dogmas de la agenda globalista son básicamente:

1. La teoría del calentamiento global, ahora llamado cambio climático.
2. La ideología LGTBIQ+
3. El feminismo extremo
4. El aborto.
5. La eutanasia.
6. La inmigración masiva y descontrolada
7. La legalización de las drogas

Básicamente estos son los dogmas de la agenda globalista porque justifican como la inmigración masiva y descontrolada que haya un gobierno supranacional que controle a los países y sus fronteras, y facilitan que estas naciones pierdan poco a poco su identidad cultural nacional, como por ejemplo con la llegada masiva de inmigrantes, lo cual poco a poco permitiría vaciar a estas naciones de sus valores y soberanía.

En cambio la teoría del calentamiento global, lo que permite es por ejemplo controlar que haya países que no se desarrollen económicamente con la excusa de que van a provocar calentamiento global con sus emisiones de gases. Además el discurso de la lucha contra el cambio climático peligroso a través de la transformación de las empresas en empresas verdes ambientalmente responsables, o con proyectos medioambientales de todo tipo, es una forma eficiente de captar parte de los presupuestos públicos de las naciones o de captar fondos privados que luego los gobiernos a menudo utilizan para mantener a clientelas. Es decir, la excusa del cambio climático es perfecta para recaudar dinero o imponer impuestos que después se pueden utilizar debajo de la mesa para otros fines. Por otro lado tanto la agenda LGTBIQ+, el aborto y la eutanasia lo que permiten es ayudar a reducir la población mundial, ya que según la agenda globalista el planeta Tierra está superpoblado y es necesario reducir su población porque los recursos no crecen con la misma rapidez que la población sino mucho más lentamente, es decir se basa en una concepción maltusiana de la población, tal como el clérigo anglicano y erudito británico del siglo XVIII Thomas Robert Malthus lo expresó así: "Cuando no lo impide ningún obstáculo, la población se va doblando cada veinticinco años, creciendo de período en período, en una progresión geométrica. Los medios de subsistencia, en las circunstancias más favorables, no se aumentan sino en una progresión aritmética." Y posteriormente esta misma idea del crecimiento de la población frente al crecimiento de los medios de subsistencia también fue adoptada por el Club de Roma en 1968, organización no gubernamental que es el precedente de la Unión Europea.

Así pues los dogmas de la agenda globalista como  la defensa de la ideología LGTBQ+, el aborto, la eutanasia, etc. aunque son defendidos por los agentes supranacionales globalistas como derechos humanos que deben concederse a las personas, en realidad son solamente medios para conseguir sus fines globalistas. En otras palabras, a las élites que imponen la agenda globalista realmente no les preocupan los derechos de las personas gays, lesbianas, trans, etc., de las mujeres embarazadas con el aborto o de las personas enfermas y mayores con la eutanasia, ya que se trata de élites millonarias del mundo de las finanzas, de empresas tecnológicas, de empresas farmacéuticas, etc. que no tienen necesidad de defender estos derechos, sino que simplemente los defienden y promocionan  con el fin de conseguir los objetivos de la agenda globalista: reducción de la población, erosión de la soberanía nacional, imposición de un gobierno supranacional globalista, etc.

En cuanto a la legalización del comercio y uso de las drogas lo que busca la agenda globalista con este dogma es el aumento de problemas de salud, desmembramiento de familias cuyos individuos se destrozan la vida consumiendo drogas y de la sociedad afectada por la mafia de las drogas, por el crimen organizado relacionado con el tráfico de drogas y la creación de una economía que viva del narcotráfico, lo cual provocaría tensiones políticas y sociales como las provocadas por los cárteles de drogas latinoamericanos. En definitiva el objetivo de la legalización de las drogas es subvertir el orden de la sociedad para justificar la intervención de un gobierno globalista supranacional, que además controlaría las fronteras a su antojo.

Obviamente la afirmación de que los dogmas de la agenda globalista no son para el bien de las personas sino para lograr el objetivo de la reducción de la población entre otros, es muy chocante y a muchos lectores les parecerá inverosímil, pero a lo largo del libro probaremos su veracidad, ya que realmente la agenda globalista no es amiga de la democracia real, sino de un nuevo gobierno mundial que de forma autoritaria controla cada vez más la política y economía de las distintas naciones que se convertirían en meros protectorados desprovistos de autoridad política y económica real.

También es lógico que la gente desconfíe de que estos dogmas esconden una agenda global con intenciones malévolas, ya que estos dogmas de la agenda se han anunciado y promocionado por monopolios de medios de comunicación en las últimas décadas de forma constante e intensa, por lo que se han convertido en verdades aceptadas como si realmente estuvieran demostradas, es decir en casi religiones (la religión del cambio climático o calentamiento global, la religión de la agenda LGTBIQ+, la religión del aborto, etc.). Así pues la estrategia para su implantación consiste también precisamente en que su repetición constante al pueblo a través de los medios de comunicación con el paso del tiempo las hace creerse como verdades demostradas, que simplemente se aceptan por las personas sin más.

# 2

# Testimonio personal

De hecho en el año 2019 yo solía ver vídeos de YouTube de economistas, traders y expertos en la materia respecto a la evolución global de la economía con respecto a los próximos años, y de hecho en aquel año se podían encontrar en YouTube ya muchos vídeos de expertos que decían que para el año 2020 o 2021 se esperaba una crisis de fin de ciclo económico, que sería mucho mayor a la última crisis mundial del año 2008 que comenzó en el año 2007 en Estados Unidos con la crisis de las hipotecas subprime o hipotecas basura. Al decir que se trataría de una crisis de fin de ciclo económico mucho mayor que la del 2008 me quedé sorprendido ya que esta crisis fue realmente grande, e incluso países como España todavía no habían acabado de recuperarse de ella en el año 2019.

Básicamente los expertos en estos vídeos de YouTube explicaban que en el año 2019 ya se estaba produciendo una desaceleración mundial de la economía a pesar de que los mercados de valores de algunos países, especialmente las bolsas de valores estadounidenses estaban en máximos históricos. Estos expertos añadían que la desaceleración se estaba produciendo principalmente por el Brexit del Reino Unido y la guerra comercial entre Estados Unidos y China, lo cual obviamente tiene una influencia en la economía mundial siendo éstas dos últimas naciones las primeras dos economías más grandes del planeta. Además en muchos vídeos se adelantaba que esta supercrisis de fin de ciclo capitalista vendría acompañada de lo que ya llamaban un gran reseteo o  gran reinicio a nivel mundial, es decir, que el gran reseteo que en el año 2020 propondría el Foro Económico Internacional ya estaba anunciado como mínimo a inicios del año 2019, y que supondría el fin del capitalismo como lo conocemos hoy.

Fue así que me preguntaba qué evento o eventos devastadores producirían esta gran crisis de fin de ciclo, porque la guerra comercial entre Estados Unidos y China con los mercados de valores estadounidenses en máximos históricos, más los efectos del Brexit, etc. no me parecían suficientes razones para causar una debacle económica de tal calibre. Y así finalmente llegó el año 2020 y la pandemia del Covid-19 como todos sabemos o plan-demia como la llaman muchas personas que afirman que se trata de un plan para utilizar la pandemia para inducir al temor colectivo, controlar a la población a través de confinamientos y restricciones de derechos y libertades, parar las economías nacionales para provocar una crisis económica global de escala gigantesca y así avanzar en la agenda globalista y justificar un gran reseteo económico, político y social.. Por lo que el evento devastador que yo buscaba y que causaría la supercrisis de fin de ciclo económico capitalista pareció confirmarse como la pandemia del Covid-19, que todavía vivimos hoy a principios del 2021, y el Gran Reseteo ya ha sido confirmado en la web del Foro Económico Mundial, una entidad globalista supranacional, cuyo presidente Klaus Schwab, ha sacado a mediados de Junio del 2020 un libro con el sugerente título de "Covid-19: el Gran Reinicio".

 Este gran reseteo, por ejemplo, ya se anunció el 31 de Diciembre del 2019 como algo totalmente necesario para el año 2020 en un vídeo en YouTube por parte de la publicación sobre finanzas y negocios líder mundial "Financial Times". Este corto vídeo por parte del Financial Times se encuentra todavía en YouTube (adjunto enlace al vídeo en la bibliografía), y prácticamente viene a decir que es necesario un reseteo económico y financiero porque cada vez es más importante para las generaciones jóvenes que haya inversores, empresas y empresarios que a la hora de invertir o dirigir sus negocios lo hagan pensando en el cuidado del medio ambiente, en evitar el calentamiento global, en evitar comer carne de animales sustituyéndolo por una dieta vegetariana para precisamente evitar el cambio climático peligroso, etc. En definitiva un gran reseteo se presenta en este vídeo del Financial Times como necesario para el 2020, para construir un mundo más respetuoso con el clima y el medio ambiente, a pesar de que estos son valores que ya muchas empresas los tienen en cuenta desde hace décadas promovidos por la constante presión mediática y gubernamental al respecto, empresas forzadas en muchos casos a adoptar políticas que eviten la emisión de más dióxido de carbono o de otros gases de efecto invernadero, o que pagan multas por exceder una cantidad concreta de emisiones, o que son excluidas de ayudas estatales cuando no cumplen con un número de emisiones determinado establecido por el gobierno.

¿Realmente es necesaria una medida tan drástica como un reseteo económico, financiero, político y social por el hecho de querer crear un mundo más respetuoso con el medio ambiente, siendo de hecho algo que ya se tiene en cuenta, se legisla y se aplica en muchas empresas desde hace décadas?

Por otro lado durante más de dos años había sospechado que  la tan repetida por los medios de comunicación oficiales como teoría del calentamiento global o ahora llamado "cambio climático" era falsa, cambio de nombre que se ha producido a partir de que las predicciones catastróficas del clima que habían hecho muchos científicos en las últimas décadas del siglo XX no llegaron a producirse, como por ejemplo que en el 2020 ya no habría glaciares ni playas porque habrían desaparecido por la subida del nivel del mar causada por el deshielo de los glaciares, deshielo que a su vez se produce por el aumento de la temperatura terrestre global en teoría.

Mis sospechas de que la teoría del calentamiento global era falsa se debían a raíz de que a mediados del año 2017 perdí todos mis ahorros haciendo trading (especulación con activos financieros), y a finales de este año escribí mi primer libro "El lado oscuro del trading y de los mercados financieros" denunciando los engaños de los cursos de trading, del análisis fundamental y técnico, y con ello desarrollé un lado escéptico a toda supuesta verdad o teoría proclamada de forma masiva y repetida por los medios de comunicación de masas, como es el caso de la teoría del calentamiento global antropogénico, es decir provocado por el ser humano, y que con el paso del tiempo se convierten en verdades ampliamente aceptadas por la población que ni siquiera se plantea su veracidad.

Pero además empecé a mirar más vídeos respecto a la teoría del calentamiento global y me di cuenta de que había una gran cantidad de científicos de ramas relacionadas con las ciencias del clima, como geología o física que no estaban de acuerdo con la teoría del calentamiento global, y que además habían escrito publicaciones científicas al respecto. Además muchos de estos científicos que no avalaban la teoría del calentamiento global en muchos casos eran científicos con amplia experiencia en el estudio del clima y con un currículum mucho más completo y más relacionado con las ciencias del clima que muchos otros científicos que están a favor de la teoría del calentamiento global. El cambio climático provocado por el hombre o calentamiento global es una teoría no probada que viene a decir que se está produciendo un aumento global de la temperatura en la superficie terrestre, y que ésta se debe a una causa principalmente antropogénica, es decir por el impacto del ser humano en la atmósfera principalmente por la emisión de gases de efecto invernadero, como principalmente el dióxido de carbono.

También vi otros vídeos en YouTube en contra de la opinión del calentamiento global peligroso o del supuesto consenso del 97% de los científicos sobre este mismo hecho, por ejemplo del doctor Don Easterbrook, profesor emérito de geología en la Universidad en la Western Washington University, con más de 50 años de experiencia y conocimiento en el cambio del clima, que es uno de muchos científicos de alto rango que expresan su oposición a la teoría del calentamiento global, cómo él mismo lo explicó en una sesión en el senado estadounidense con fecha de 26 de Marzo del

2013, en concreto en el Comité del Senado sobre la Energía, Medio Ambiente y Telecomunicaciones, o por ejemplo Willie Wei-Hock Soon, un astrofísico malasio e ingeniero aeroespacial empleado como investigador a tiempo parcial en la División de Física Solar y Estelar (SSP) del Centro Harvard-Smithsonian de Astrofísica, que obtuvo el premio Petr Beckmann en el 2004.

También en mi investigación descubrí que en contra del IPCC (Panel Intergubernamental sobre el Cambio Climático) que depende de la ONU, se había creado otro Panel No Gubernamental sobre el Cambio Climático (NIPCC por sus siglas en inglés) que ha publicado abundantes publicaciones científicas explicando por qué el calentamiento global provocado por el hombre no está bien probado científicamente ni es real, y que menciona entre otras muchas razones científicas, que ha habido otras épocas en la historia más calientes que la actual en las cuales no había ni coches, ni fábricas que produjeran gases de efecto invernadero, como por ejemplo el siglo I A.C., la Edad Media o la década de 1930.

La visualización de estos vídeos en YouTube y la lectura de publicaciones científicas del Panel No Gubernamental sobre el Cambio Climático me llevaron a darme cuenta de las mentiras de la teoría del calentamiento global, mentiras que se utilizan principalmente para impedir que ciertas naciones puedan prosperar levantando su propia industria o economía con la excusa por parte de entes supranacionales globalistas que si lo hacen provocarán más calentamiento global. Así estas naciones como las del continente africano de América Latina se ven condenadas a la pobreza permanente, aunque en gran medida sobreviven gracias a las ayudas del Banco Mundial, o del Fondo Monetario Internacional que son entidades globalistas. Estas naciones reciben estas ayudas supranacionales cuando sus gobiernos en contrapartida apoyan y promueven los dogmas de la agenda globalista, como por ejemplo es el caso de la reciente aprobación en el Senado de Argentina el 30 de Diciembre del 2020 del aborto hasta la semana 14 de embarazo, por la contrapartida de la ayuda que recibió Argentina a mediados del año 2020 del Fondo Monetario Internacional para recuperar su economía.

También en una discusión por WhatsApp con un amigo él me decía que efectivamente el vapor de agua afecta al efecto invernadero, pero el que hubiera vapor de agua en la atmósfera es la consecuencia del calentamiento en la superficie y no al revés. Así pues yo intentaba argumentar que el vapor de agua es el principal gas de efecto invernadero en la atmósfera y no el dióxido de carbono, por la transmisión de la calor por convección del agua, en la que las partículas de vapor de agua más calientes en la parte de abajo de la atmósfera suben y las partículas de vapor de agua más fría bajan cerca de la superficie (según el informe del NIPCC de Septiembre del 2017 titulado: "Las sorpresas del calentamiento global" escrito por el científico fallecido el año pasado S. Fred Singer). De hecho a través del Dr. Willie Soon confirmé que el sol es el agente principal del calentamiento global, y aunque creemos saber mucho sobre él y pensamos que solamente su distancia hacia una región de la tierra determina si hace más o menos calor, el sol también tiene ciclos solares de unos once años de duración en la que aparecen y desaparecen manchas solares de distinto tipo y tamaño que indican su nivel de actividad. Además hay una clara evidencia de un fuerte efecto de calor isleño urbano que contamina los conjuntos de datos de temperatura recogidos por los gobiernos, según este mismo astrofísico y científico del clima Dr. Soon explica, cuando impartió la presentación titulada "El sol también calienta" en el 16º Evento Anual de Amigos de la Ciencia, el 10 de abril de 2019 en el Club Red & White en Calgary, Alberta (Canadá). Este mismo científico dijo en esta misma conferencia que hay muchos tipos de manchas solares que aparecen y desaparecen con el tiempo que son de diferentes tamaños, que influyen de distinta manera en la energía que irradia el sol pero que esta irradiancia solar varía incluso más que las manchas solares.

Yo mismo he llegado a la conclusión de que el dióxido de carbono se ha demonizado, pues al fin y al cabo todos los seres humanos y la mayoría de animales respiramos oxígeno y desprendemos dióxido de carbono, así que cuantas más personas en el mundo seamos y más ganado y animales hayan, más dióxido de carbono habrá en la atmósfera, más efecto invernadero se producirá y las temperaturas terrestres más altas en teoría serán. Entonces, ¿debemos dejar de multiplicarnos y de criar animales y ganado para evitar el calentamiento global de la atmósfera? Parece una pregunta tonta, pero la verdad es que hace pensar. Además las plantas necesitan la luz del sol y dióxido de carbono para crecer. Contra más dióxido de carbono en la atmósfera más vegetación y plantan crecerán como es evidente.

De hecho se ha observó que en el año 2015 había más vegetación y zonas verdes cubriendo un área de 36 millones de kms.$^2$ en el planeta Tierra, aproximadamente dos veces el área de Estados Unidos, que en 1982 debido a la fertilización de regiones con $CO_2$ y a los programas de plantación de árboles en China y los programas intensivos de agricultura tanto en India como en China.

Para finalizar podríamos preguntarnos: ¿se equivocó Dios al crear seres que respiran oxígeno y expulsan dióxido de carbono provocando de manera involuntaria un efecto invernadero en la atmósfera peligroso para el clima y para la vida en la Tierra?.

# ¿Qué es la agenda globalista?

La agenda globalista es una agenda promovida por organizaciones y entidades supranacionales formadas por magnates financieros, tecnológicos, de las industrias farmacéuticas o de las telecomunicaciones con la intención de controlar el mundo y los Estados naciones tanto política como económicamente

Parte principalmente en primer lugar de una visión maltusiana del crecimiento de la población como ya dijimos anteriormente, la cual adoptó como antecedente el Club de Roma, una organización no gubernamental fundada en 1968. La visión maltusiana del crecimiento de la población considera que ésta se multiplica mucho más rápido que los recursos y que por tanto es necesario reducir o como mínimo controlar el crecimiento de la poblacion a través de sus dogmas. el cambio climático, las políticas LGTBIQ+, el aborto, la eutanasia, la inmigración masiva y descontrolada, la legalización de la droga.

Así pues el cambio climático es la doctrina paraguas de la agenda globalista para justificar el impedimento al crecimiento económico y desarrollo de las naciones, y la excusa perfecta para acaparar presupuestos públicos y fondos privados para sus objetivos.

También para el control del crecimiento demográfico se utilizan las políticas LGTBIQ+, ya que las personas homosexuales no pueden tener hijos entre sí, aunque sí puedan adoptarlos cada vez de forma más habitual, y también rompe con la estructura social de la familia tradicional, que por supuesto es la que siempre en la historia ha sido la encargada de traer niños al mundo produciendo crecimiento poblacional. La estructura de la familia tradicional está constituida por un padre, madre e hijos, la cual es la estructura social básica en el cristianismo, y que durante toda la historia ha sido un pilar en el desarrollo de las sociedades occidentales, cuyos valores la agenda globalista tratan de hacer desaparecer. También utilizan claramente el aborto y la eutanasia para limitar de forma más directa el crecimiento de la población, valores que están en contra de los valores de defensa de la vida cristianos. También con el fin de erosionar o erradicar de forma progresiva la identidad nacional y los valores culturales de cada nación se utiliza la laxitud en política migratoria entre las fronteras de los países. Así pues con una población inmigrante casi mayoritaria en las naciones soberanas, los ciudadanos de éstos países son más moldeables a los dogmas globalistas ya que su identidad nacional se erosiona y disuelve parcialmente, y el caos en las fronteras se convierte en la excusa perfecta para que entidades supranacionales puedan suplantar a los estados-naciones en sus políticas internas y en el control de sus fronteras.

Sin embargo como ya se ha dicho de todos los dogmas de la agenda globalista, el dogma o doctrina paraguas o estrella en el tiempo presente es el cambio climático o calentamiento global, porque permite justificar un reseteo político, económico y social, con el argumento de que el sistema económico y productivo anterior a la pandemia del Covid-19 ha fallado, ya que supuestamente bajo ese sistema capitalista los seres humanos han ido destruyendo y contaminando el medio ambiente, emitiendo excesos de gases con efecto invernadero que producen un aumento de la temperatura atmosférica y terrestre, a pesar de que incluso el presidente del Foro Económico Mundial, Klaus Schwab, reconoce que a finales del siglo XX y principios del siglo XXI se han reducido la pobreza, el analfabetismo y la muerte infantil drásticamente, y han aparecido nuevas clases medias con capacidad para poder ahorrar, como por ejemplo en China, es decir, que hemos vivido en un mundo mucho mejor que en épocas pasadas. A pesar de ello y sin el consentimiento expreso de la población mundial, las entidades supranacionales como el Foro Económico Mundial quieren imponer su agenda globalista, una agenda impuesta por una élite de personas que no han sido elegidas de forma democrática por el pueblo.

Por lo tanto la imposición de esta agenda globalista se trata en el fondo de una dictadura impuesta por una oligarquía elitista formada por millonarios de diversas áreas económicas como las finanzas, de las grandes empresas tecnológicas, de las "Big Pharma" o grandes farmacéuticas y de los principales grupos de medios de comunicación.

# Principales iconos visibles de la agenda globalista

<u>George Soros</u>

Así pues aunque una de las razones por las que la imposición y extensión de la agenda globalista ha sido un éxito es el hecho de que la agenda globalista se ha mantenido en secreto durante décadas, precisamente en los últimos años se ha hecho público uno de los máximos iconos de esta agenda, Györgi Schwartz, más conocido como George Soros nacido en 1930 en Hungría, que de joven ya colaboraría con los ocupantes nazis en su país para la deportación de judíos a los campos de concentración de Auschwitz, de lo cual ha confesado no arrepentirse ni tener el menor remordimiento al respecto.

En resumen Soros es un magnate húngaro de las finanzas y de los negocios, especulador, filántropo y patrocinador de movimientos políticos subversivos que puedan socavar el poder de los estados naciones para convertirlos en estados vacíos de autoridad o simples protectorados de las entidades supranacionales globalistas. Se le conoce particularmente como el hombre que quebró el banco de Inglaterra en Octubre de 1992 con una operación especulativa de su Hedge Fund o fondo de inversión.

Así pues según algunas estimaciones, para el año 2017, Soros había gastado para financiar causas políticas en acuerdo con los objetivos de la agenda globalista más de doce billones de dólares. De hecho el poder de Soros, sin embargo ha abarcado más allá de simplemente financiar la agenda globalista a escala internacional, impulsando también programas políticos en presidentes de gobierno, lanzando cambios legislativos en distintas naciones y contando con una influencia extraordinaria en organizaciones internacionales que tienen los objetivos de implantar la agenda globalista.

Así pues gracias a los miles de millones de dólares gastados por Soros, los dogmas de la agenda globalista que veremos a continuación, como la inmigración ilegal y masiva, la ideología de género, la legalización de la droga, las tesis del calentamiento global, el aborto, la eutanasia, etc. han sido impulsados en todos los lugares del mundo excepto en aquellos países donde ha habido políticos que se resisten a la imposición de esta agenda como hasta ahora en Estados Unidos por el presidente Donald Trump, en Rusia por el presidente Putin, en China con el presidente Xi Jinping, en Brasil con el presidente Jair Bolsonaro, en Hungría con el presidente Viktor Orbán, etc. Sí, la mayoría son presidentes de la derecha política y poco populares como es el caso de Trump, Orbán o Bolsonaro, los tres de religión o fe protestante.

También George Soros ha sido asesor de gobiernos como por ejemplo del propio presidente actual de España, Pedro Sánchez, del partido socialista obrero español (PSOE), y así se reunió con Sánchez en Junio del 2018, después del triunfo de la moción de censura en el Parlamento español que acabó con la dimisión del entonces presidente Mariano Rajoy por corrupción. Para entonces ya era bien sabido que George Soros había estado financiando el proceso de independencia fallido en Cataluña, obviamente no porque Soros se sintiera catalán o no, sino porque las tensiones creadas por estos movimientos catalanistas de independencia creaban gran inestabilidad política nacional en España, y por lo tanto eran favorables para la implantación de la agenda globalista en esta nación. Es decir, las tensiones políticas internas de las naciones, socavan y erosionan su identidad cultural, especialmente las que tienen que ver con movimientos independentistas, y generan la excusa perfecta para la imposición de un gobierno globalista supranacional que en teoría velaría por el control de estas tensiones.

En cambio otras veces George Soros no ha entregado directrices en privado a los políticos, sino que ha publicado en distintos medios lo que se supone que deben hacer los gobiernos nacionales. Así pues en el 2018 a través del diario español "el Confidencial", Soros decía que en la coalición del gobierno italiano formada, la Unión Europea no podía intentar darle una lección a Italia, porque en ese caso el electorado italiano reelegiría a la coalición del Movimiento 5 estrellas (partido de izquierdas) con la Liga (partido de derechas), y así Soros atacaba la política de inmigración del gobierno italiano contraria a la entrada descontrolada de inmigrantes y partidaria del control de fronteras.

¿Es normal que un millonario diga a naciones soberanas lo que éstas deben o no hacer? En un estado nación democrático cuyos gobernantes han sido en parte elegidos por el pueblo, ningún multimillonario filántropo debería decir lo que ese gobierno debe o no hacer, ya que no cuenta con ninguna legitimidad o respaldo democrático para hacerlo.

De hecho incluso la influencia de George Soros en gobiernos y organizaciones internacionales es tan real que las mismas entidades de Soros se enorgullecen de ello. De esta manera en el 2017 la Open Society Policy Institute y la red de la Open Society, ambas organizaciones dependientes de George Soros publicaron la lista de aliados de confianza de George Soros en el Parlamento Europeo, que incluía a nada más y nada menos que a 226 diputados de un total de 751, es decir casi un tercio del parlamento europeo con políticos tanto de la derecha como de la izquierda política.

Así pues que casi un tercio del parlamento pueda ser de confianza de los objetivos de Soros, y que sean políticos tanto de la derecha como de la izquierda política nos hace pensar sobre la representatividad del parlamento, sobre los motivos por los que los candidatos parlamentarios se presentan, y de que pocos partidos realmente defienden los derechos de los ciudadanos en contra de la agenda globalista.

Además Soros, como han documentado ampliamente el escritor estadounidense David Horowitz y el actor también estadounidense Richard Poe, ha dado multitud de pasos para controlar la política de los Estados Unidos, apoderándose en concreto de la política del partido demócrata. Un ejemplo de esto fue la marcha de las mujeres que se produjo en Washington después de la toma de posesión del cargo de presidente de los Estados Unidos por parte de Donald Trump, el 20 de Enero del 2016. Así pues Soros subvenciona o mantiene relaciones con al menos 56 organizaciones que patrocinaron la marcha como la abortista Planned Parenthood (Planificación familiar).

Finalmente también podemos añadir que George también ha influenciado a personajes a favor de la agenda globalista, como al Papa Francisco, según se indica en el libro filtrado por WikiLeaks de la reunión de mayo del 2015 del directorio norteamericano de las Open Society Foundations (Fundaciones de la Sociedad Abierta de Soros), donde se señala la entrega de 650.000 dólares para la financiación de la visita del Papa a Estados Unidos. Así pues George Soros según este libro ha contado con: "comprometer al papa en asuntos de justicia económica y social", lo que suma al Vaticano a su agenda globalista.

<u>El papa Francisco y el Vaticano</u>

De manera bien significativa según la mayoría de teológos de la biblia, la gran Babilon, madre de las rameras o prostitutas, que va a ser juzgada en el libro de Apocalipsis en el capítulo 17 es el Vaticano o la iglesia católica. Así dice el capítulo 17 de Apocalipsis de los versículos 1 a 9: "Uno de los siete ángeles que tenían las siete copas se me acercó y me dijo: «Ven, y te mostraré el castigo de la gran prostituta que está sentada sobre muchas aguas. [2] Con ella cometieron adulterio los reyes de la tierra, y los habitantes de la tierra se embriagaron con el vino de su inmoralidad».

[3] Luego el ángel me llevó en el Espíritu a un desierto. Allí vi a una mujer montada en una bestia escarlata. La bestia estaba cubierta de nombres blasfemos contra Dios, y tenía siete cabezas y diez cuernos. [4] La mujer estaba vestida de púrpura y escarlata, y adornada con oro, piedras preciosas y perlas. Tenía en la mano una copa de oro llena de abominaciones y de la inmundicia de sus adulterios. [5] En la frente llevaba escrito un nombre misterioso:

La gran babilonia

madre de las prostitutas

y de las abominables idolatrías de la tierra.

[6] Vi que la mujer se había emborrachado con la sangre de los santos y de los mártires de Jesús.

Al verla, quedé sumamente asombrado. [7] Entonces el ángel me dijo: «¿Por qué te asombras? Yo te explicaré el misterio de esa mujer y de la bestia de siete cabezas y diez cuernos en la que va montada. [8] La bestia que has visto es la que antes era, pero ya no es, y está a punto de subir del abismo, pero va rumbo a la destrucción. Los habitantes de la tierra, cuyos nombres, desde la creación del mundo, no han sido escritos en el libro de la vida, se asombrarán al ver a la bestia, porque antes era, pero ya no es, y sin embargo reaparecerá.

[9] »¡En esto consisten[a] el entendimiento y la sabiduría! Las siete cabezas son siete colinas sobre las que está sentada esa mujer." Nueva Versión Internacional

De hecho la ciudad de Roma, donde justo al lado se encuentra el Estado del Vaticano, se encuentra sobre siete montes, que han aparecido muchas veces en la cultura popular escrita. Las siete colinas de Roma son una serie de promontorios que históricamente han formado el corazón de esta ciudad. Así pues las siete colinas de la Roma antigua son según Wikipedia:

- El Aventino (Collis Aventinus), (47 metros de altura).

- El Capitolino (Capitolinus, que tenía dos crestas: el Arx y el Capitolium), (50 metros de altura).

- El Celio (Caelius, cuya extensión oriental se llamaba Caeliolus), (50 metros de altura).

- El Esquilino (Esquilinus, que tenía tres cimas: el Cispius, el Fagutalis y el Oppius), (64 metros de altura).

- El monte Palatino (Collis Palatinus, cuyas tres cimas eran: el Cermalus o Germalus, el Palatium y el Velia), (51 metros de altura).

- El Quirinal (Quirinalis, que tenía tres picos: el Latiaris, el Mucialis o Sanqualis, y el Salutaris), (61 metros de altura).

- El Viminal (*Viminalis*), (60 metros de altura).

También dice el Apocalipsis 17:2 "Con ella cometieron adulterio los reyes de la tierra, y los habitantes de la tierra se embriagaron con el vino de su inmoralidad". De hecho tanto el Vaticano como la Iglesia Católica históricamente se ha caracterizado por apoyar a reyes o políticos que más favorecieran sus intereses económicos o políticos, y no por apoyar a los monarcas o políticos más de acorde con las doctrinas religiosas y morales de la iglesia católica.

Además vemos que la mujer prostituta está vestida de púrpura y escarlata, y adornada con oro, piedras preciosas y perlas que nos recuerda la forma en que van vestidos los papas y la suntuosidad y riqueza que se encuentran dentro de los templos católicos.

Y además esta prostituta según el versículo 6 se ha emborrachado con la sangre de los santos y los mártires de Jesús. Así pues por ejemplo, bien es conocido el hecho de que en la Edad Media la institución de la iglesia católica conocida como la Inquisición Española, fundada por los reyes católicos españoles en 1478 y que casi duró cuatro siglos hasta su abolición en 1834, condenó, quemó y mató a multitud de cristianos protestantes por considerarlos herejes o brujos.

Además a día de hoy se siguen filtrando noticias de los negocios opacos del Vaticano que a veces han sido utilizados para lavado de dinero, sin olvidar las matanzas en la historia de personas inocentes hechas en el nombre de Dios por la iglesia católica, o de los actos de pedofilia perpetrados por curas u obispos católicos.

Pero ya desde el papa Juan XXIII en el siglo XX, pasando por Juan Pablo II y Benedicto XVI, siendo todos papas del siglo XX y principios del siglo XXI, han escrito o defendido la necesidad de un nuevo orden mundial en sus encíclicas, discursos o entrevistas.

Así pues el 1 de Enero del 2004, tuvo lugar una de las iniciativas diplomáticas más relevantes del papado de Juan Pablo II, al lanzar la idea de un nuevo orden mundial precisamente. Así pues el papa Juan Pablo II afirmó que "más que nunca, necesitamos un nuevo orden mundial que se sirva de la experiencia y de los resultados conseguidos en estos años por Naciones Unidas.

La importancia de esta declaración deriva de que el estado del Vaticano cuenta con el estatus de observador en la ONU y con representación diplomática en más de ciento setenta países. Así pues su capacidad para actuar como un lobby de determinados intereses es bastante grande.

De hecho también su sucesor Benedicto XVI en su encíclica "Caritas in Veritate" firmada el 29 de Junio del 2009 (Amor en verdad), se refirió a la misma necesidad de un gobierno supranacional así: "Para gestionar la economía mundial, para reavivar la economía golpeada por la crisis, para evitar cualquier deterioro de la presente crisis y los mayores desequilibrios que resultarían de ella, para proporcionar un desarme integral y en tiempo, seguridad de alimentos y paz, para garantizar la protección del medio ambiente y regular la migración: para todo esto, existe una urgente necesidad de una verdadera autoridad política mundial".

Así pues como podemos observar en este párrafo de la encíclica Caritas in Veritate, aparecen bastante claramente los dogmas y objetivos de la agenda globalista que veremos a continuación, como la protección del medio ambiente frente al cambio climático, la migración y por supuesto la necesidad de un gobierno supranacional mundial.

Según esta misma encíclica esta autoridad política mundial debería regular los mercados financieros y acabar con las desigualdades y distorsiones del desarrollo capitalista, que como veremos es uno de los dogmas del Gran Reseteo que propugna el Foro Económico Mundial, referente a lo cual podemos leer en su página web, es decir, el paso a un sistema socialista mundial, en que haya más igualdad económica y social, pero donde las personas sean más pobres también.

Así también en esta encíclica el papa Benedicto XVI afirmaba que la creación de este nuevo orden mundial se basaría en vaciar a los gobiernos nacionales de sus competencias. En palabras textuales de la encíclica: "esta transformación será hecha al coste de una transferencia gradual y equilibrada de una parte de los poderes de cada nación a una autoridad mundial y autoridades regionales".

Posteriormente el papa Francisco que había alabado la dictadura en Cuba de Fidel Castro, en el prólogo al libro "Diálogos entre Juan Pablo II y Fidel Castro", que se publicó en 1998 cuando era arzobispo de Buenos Aires, establecía conexiones y paralelismos entre los dogmas de la iglesia católica y las bases teóricas de la dictadura de Fidel Castro en Cuba, y  su vez relacionándolo con las bases teóricas del socialismo de Karl Marx. Así pues el Papa Francisco publicó el 24 de mayo del 2014 la carta encíclica "Laudato sí" que afirma lo siguiente: "El cambio climático es real y peligroso. Se necesita un nuevo sistema de gobierno mundial para hacer frente a esta amenaza sin precedentes. Esta nueva autoridad política estaría a cargo de la contaminación y del desarrollo de los países y regiones pobres." Así pues el deseo de un gobierno político mundial junto con los dogmas de la agenda globalista de la lucha contra el cambio climático, y el deseo del control de la economía mundial aparecían en esta encíclica de manera todavía más clara que en las encíclicas de los papas anteriores.

Y así muchas cosas más se podrían contar argumentado el por qué el papa Francisco apoya la agenda globalista y es uno de sus principales iconos, pero podríamos destacar su reciente apoyo de forma abierta a las uniones LGTBIQ+. Así pues en Octubre del 2020 el papa Francisco expresó por primera vez su apoyo a la legalización de las uniones civiles de parejas del mismo sexo, a través de una entrevista para un documental que se estrenó en el Festival de Cine de Roma.

Así pues el papa Francisco dijo en la película titulada Francesco: "La gente homosexual tiene derecho a estar en una familia. Son hijos de Dios y tienen derecho a una familia. Nadie debería ser expulsado o sentirse miserable por ello".

# Bill Gates

Todos conocemos a Bill Gates por ser el multimillonario fundador de la empresa informática Microsoft, cuyos sistemas operativos prácticamente todo el mundo ha utilizado. Pero actualmente es también conocido por crear la fundación Bill y Melinda Gates que junto a campañas y proyectos para eliminar la pobreza, aumentar las medidas de higiene y ayudar a países pobres, promueven la vacunación global a nivel mundial para diferentes enfermedades, y por ser el mayor financiador de la Organización Mundial de la Salud, que como perteneciente a la ONU y como buena entidad supranacional intenta imponer los dogmas de la agenda globalista a las naciones, es decir, aborto, eutanasia, etc., aunque por ejemplo el aborto no sea la medida más conveniente para la salud reproductiva, física y mental de la madre.

Lo que no es tan conocido de Bill Gates es que está a favor de la reducción de la población mundial, y que justo después de que Microsoft fuera denunciado de abusar de su poder monopólico por el Departamento de Justicia de Estados Unidos a principios de Mayo de 1998, referente al negocio del sistema operativo Windows y de la venta de ordenadores, es cuando Bill Gates creó la Fundación Bill y Melinda Gates, con el primer objetivo de promocionar y facilitar el aborto, como su mismo padre que era miembro directivo de la mesa de la organización abortista Planned Parenthood. Así pues Bill Gates se convirtió en filántropo, es decir en un multimillonario más que se encarga del "bien" de la humanidad siguiendo sus propia agenda, a través de sus fundaciones y organizaciones, como hacen muchos otros millonarios como George Soros, con el fin de lavar su imagen entre otras razones.

Tampoco es demasiado conocido que aproximadamente entre 2.000 y 2017 la Fundación Bill y Melinda Gates probó la vacuna del polio en niños de la India, de los cuales unos 496.000 niños quedaron paralíticos, y tras varias acciones legales en la India consiguieron expulsar a la Fundación Bill y Melinda Gates de esa nación.

Además Bill Gates como buen filántropo multimillonario pertenece al Foro Económico Mundial que cada año en Enero se reúne en la ciudad de Davos, Suiza. De esta manera no queda duda que Bill Gates es uno de los magnates que por supuesto organizan la agenda globalista como cualquiera de los otros participantes del Foro Económico Internacional. Así pues precisamente esta organización es la que promociona el Gran Reseteo mundial incluyendo todos los dogmas de la agenda globalista.

Bill Gates también apoya y es parte del ambicioso proyecto ID2020, que es un ejemplo de lo que la nuevas tecnologías, como la tecnología 5G o el Internet de las Cosas, pueden ayudar para lograr el control de la sociedad y la migración de un sistema capitalista en Occidente hacia uno socialista, como pretende el Foro Económico Intenacional con el Gran Reseteo. Así pues este proyecto propone la digitalización global con datos biométricos y tecnología blockchain de todas las personas, y se ha convertido en otro de los polémicos emprendimientos del magnate informático, en este caso asociado a la histórica dinastía financiera Rockefeller. ID2020 ("Identidad Digital 2020") fue fundado entre los años 2017 y 2018 por The Rockefeller Foundation, Microsoft y Gavi  o la "Alianza de la Vacuna" ("The Vaccine Alliance" en inglés), entidad esta última que asocia tanto a la Bill and Melinda Gates Foundation como a los principales laboratorios del mundo. Junto a estos socios fundadores se asociaron las corporaciones Hyperledger, dedicada a la tecnología blockchain; IRespond y Simprints, organizaciones dedicadas al uso de datos biométricos para la identidad digital; la ICC, International Computing Center de Naciones Unidas, entre otras.

¿El objetivo? identificar a cada persona por encima de los registros de identidad de cada Estado Nacional. De acuerdo a los propios desarrolladores, en un futuro, esta identidad digital será necesaria para acceder a educación, salud, beneficios sociales, derechos políticos como votar y realizar transacciones económicas. Se trata efectivamente de un proyecto globalista en el que a las personas se le haría una especie de tatuaje digital con tinta electrónica con todos sus datos, pero que en el fondo pretende controlar a la población utilizando las nuevas tecnologías, y que enraiza con el concepto de transhumanismo, es decir, la implantanción de dispositivos tecnológicos y digitales en el cuerpo y cerebro humanos para en teoría mejorar la especie humana y producir una supuesta evolución, convirtiéndonos a los seres humanos "evolucionados" en semidioses.

Así pues el hecho de hacernos un tatuaje digital que tendría toda nuestra información impresa nos recuerda a lo que en el libro del Apocalipsis de la biblia se conoce como la marca de bestia "666", que se pone en la frente o en la mano, y sin la cual las personas no podrán comprar o vender.

Aunque de hecho tecnologías similares ya se han empezado a utilizar en China en el año 2020, y así pues bajo la constante mirada de miles de cámaras callejeras, los ciudadanos chinos ya empiezan a ser evaluados según su comportamiento a través de un polémico «sistema de crédito social» en el que la puntuación es clave a la hora de obtener un préstamo o poder viajar por ejemplo. Así pues resulta imposible no encontrar similitudes entre la realidad que se vive en China y el omnipresente y vigilante «Gran Hermano» de George Orwell en «1984», o la ciencia ficción que se retrata en Netflix con la serie «Black Mirror».

<u>Los organismos internacionales de la agenda globalista</u>

Estos son las organizaciones, entidades, comisiones o foros no gubernamentales de carácter internacional  tan ampliamente conocidos como la ONU, el Fondo Monetario Internacional, la Organización Mundial de la Salud, el Foro Económico Mundial, etc. que no nacen de mecanismos democráticos ni nacen de la voluntad popular.

O medianamente conocidos como el Club Bilderberg, el Consejo de Relaciones Exteriores o apenas conocidos como la Comisión Trilateral.

El conocido banquero y hombre de negocios David Rockefeller, gran impulsor en el siglo XX de la agenda globalista, mencionó entre otras organizaciones internacionales globalistas en su libro de memorias publicado en el año 2002 a:

El Consejo de Relaciones Exteriores, que fue fundado en 1921, con la intención de apoyar a la Liga de Naciones, antecedente directo de la ONU, y que teóricamente buscaba informar a los ciudadanos americanos sobre la realidad mundial. Así pues apoyó la intervención de Estados Unidos en la Segunda Guerra Mundial, y en los años cincuenta del siglo XX defendía el control del crecimiento de la población con la contención reproductiva, es decir que apoyaba que las parejas no tuvieran muchos hijos. El mismo David Rockefeller formó parte de la junta de directores desde 1949 junto a financieros y abogados y en los años ochenta ya abarcaba causas ambientales, de desarrollo económico y de todo tipo.

El Club Bilderberg, cuya primera reunión tuvo lugar en Mayo de 1955, lleva este nombre por el hotel donde se celebró la primera reunión, que contó con la presencia de cincuenta personas procedentes de once naciones occidentales, entre ellas David Rockefeller.

La Comisión Trilateral. Fundada a inicios de los años setenta del siglo XX, pretendía extender un dominio global más allá de lo que pudiera realizar Estados Unidos. También fue creada por David Rockefeller y Zbigniew Brzezinski, y celebró su primera reunión en Tokio en octubre de 1973, reuniendo a magnates de Europa Occidental y Japón. Cabe destacar que en Abril de 1984 todos sus miembros fueron recibidos por el presidente Ronald Reagan en la Casa Blanca, y cuya labor en la política exterior de Estados Unidos ha sido en las últimas décadas más determinante que la del Congreso o Senado norteamericano, sobre todo gracias a políticos como Brzezinski.

# Los grandes fondos de inversión mundiales

Nos referimos en concreto a Black Rock, el grupo Vanguard y a State Street.

Así pues según Wikipedia BlackRock es una empresa de gestión de inversiones estadounidense cuya sede central se encuentra en Nueva York. Es considerada como la más grande del mundo en gestión de activos, con unos activos bajo gestión valorados en más de 5,1 billones de dólares en 2016 según la compañía, y es accionista de las principales empresas farmacéuticas que han desarrollado en el 2020 la vacunas contra el virus del Covid-19 como Pfizer o Moderna. Con sólo dar un vistazo a su página web se puede observar que es patrocinador de los dogmas de la agenda global.

The Vanguard Group  según Wikipedia es el mayor gestor de fondos de inversión del mundo y el segundo proveedor de ETFs después de iShares, compañía de Blackrock. También es uno de los principales accionistas de las empresas farmacéuticas que han desarrollado en el 2020 las vacunas para el virus Covid-19 como Pfizer, Moderna o AstraZeneca.

State Street Corporation es según Wikipedia una compañía estadounidense de servicios financieros y holding bancario con sede en Boston y con operaciones en todo el mundo. Es el segundo banco de los Estados Unidos en la lista de bancos más antiguos en funcionamiento continuo; su predecesor, Union Bank, fue fundado en 1792. State Street ocupa el puesto 15 en la lista de los bancos más grandes de los Estados Unidos por activos. Es una de las mayores empresas de gestión de activos del mundo, con 2,78 billones de dólares bajo gestión y 33,12 billones de dólares bajo custodia y administración. Es el mayor banco custodio del mundo y uno de los principales accionistas de las farmacéuticas Pfizer y Moderna.

<u>Las grandes compañías farmacéuticas o "Big Pharma"</u>

Las grandes compañías farmacéuticas también son las grandes impulsoras de la agenda globalista y suelen haber miembros directivos de las mismas en las entidades globalistas supranacionales. De hecho se ha rumoreado que las grandes farmacéuticas crearon el virus del Covid-19 para recuperar las pérdidas económicas que les causó la reforma legislativa sanitaria traída por el Obama Care, aprobada en el 2012 y que ampliaba la cobertura sanitaria en Estados Unidos para más personas y más circunstancias, en especial para las personas de más de 65 años y para las personas de rentas más bajas.

Las más grandes compañías farmacéuticas según sus ingresos anuales son: Pfizer, Roche, Novarais, Merck, GlaxoSmithKline, Johnson & Johnson, AbbVie, Sanofi, Bristol Myers Squibb y AstraZeneca, a 4 de Marzo del 2020.

<u>Las grandes compañías tecnológicas o "Big Tech"</u>

Todos conocemos más o menos las grandes compañías tecnológicas mundiales, que según sus ingresos globales son en este orden según la lista del año 2020 de la revista Fortune (en billones o miles de millones de dólares americanos), y publicada en Wikipedia (Amazon ha sido añadida en la lista de empresas de venta al por menor y no tecnológicas, con unos ingresos anuales de $280,522 billones, es decir, 280.522 millones de dólares americanos.

1. Apple Ingresos anuales: $260,174 billones anuales

2. Samsung Electronics $197,705

3. Foxconn $178,869

4. Alphabet (Google) $161,857

5. Microsoft $125,843

6. Huawei $124,316

7. Dell Technologies $92,154

8. Hitachi $80,639

9. IBM $77,147

10. Sony $75,972

11. Intel $71,965

12. Facebook $70,697

13. Panasonic $68,897

14. HP Inc. $58,756

15.Tencent $54,613

16. LG Electronics $53,464

17. Cisco $51,904

18. Lenovo $50,716

Básicamente la estrategia consiste en que el gobierno legisla a favor de las grandes empresas tecnólogicas para que tengan privilegios, incluida legislación fiscal y tributaria favorable, y éstas empresas se convierten en un aliado del gobierno de turno pro-globalista con la publicación y promoción de los dogmas de la agenda globalista o de la censura de contenidos de opiniones disidentes contra la versión oficial del gobierno o versiones anti agenda globalista, incluido recientemente al expresidente de Estados Unidos, Donald Trump. Así pues sucedió con la eliminación de la cuenta de Twitter de Donald Trump, o de la suspensión de sus cuentas en Facebook e Instagram después del asalto al capitolio en Washington DC el 6 de Enero del 2021, en base a una supuesta instigación a la violencia y al motín político por parte de Trump, o por ejemplo el caso de YouTube, Twitter, etc. desde el principio de la pandemia bloqueando vídeos y suspendiendo cuentas de muchos YouTubers o twitteros que hablaban en contra de las vacunas, de fraude en las elecciones de Estados Unidos del 3 de Noviembre del 2020, o manifestaran opiniones diferentes a las oficiales de los gobiernos sobre la pandemia.

<u>El oligopolio de las grandes cadenas de medios de comunicación</u>

Así pues los grandes grupos de medios de comunicación principalmente Comcast, The Walt Disney Company, AT&T y ViacomCBS, seguido por grupos menores como Bertelsmann, Sony Corporation, News Corp, Fox Corporation, Hearst Communications, MGM Holding Inc., el grupo Globo y el grupo Lagardère. Es decir, una docena de compañías tienen el 80% de la producción mediática mundial, lo que ha convertido el mercado de la información en un conjunto de oligopolios que ponen en riesgo la veracidad y neutralidad de los medios de comunicación. Por eso a través de estos grandes grupos ha sido fácil expandir los dogmas de la agenda globalista de manera efectiva y de manera casi incuestionada por la población.

Afortunadamente cada vez más la población se informa a través de medios alternativos como webs de internet, blogs o webs privadas, YouTubers privados, canales privados de Telegram, etc., siendo las noticias e información proporcionadas por los medios de comunicación oficiales, incluida la prensa escrita, cada vez más cuestionada respecto a su veracidad.

# ¿Cómo se impone la agenda globalista?

Tras lo visto en el anterior capítulo respecto a los grandes iconos de la agenda globalista, la respuesta a como se impone la agenda globalista es fácil y se hace básicamente a través de dos maneras.

La primera es gracias a la concentración de los medios de comunicación que acabamos de mencionar.

Segundo, gracias a la acción de los iconos de la agenda globalista, y a la acción y disposiciones emanadas de las entidades supranacionales no elegidas de forma democrática que mencionamos en el anterior capítulo.

# La agenda globalista en el siglo XXI: El Gran Reseteo

<u>¿Qué es el Gran Reinicio o Reseteo?</u>

El Gran Reseteo es un programa de cambio o reinicio en el área política, económica y social a nivel mundial propulsado por el Foro Económico Mundial que se reúne en Enero una vez al año en la ciudad de Davos, Suiza, y en la que la pandemia del Covid-19 es precisamente utilizada como excusa para promover estos cambios. Así lo expresa el propio presidente y fundador del Foro Económico Mundial, Klaus Schwab en su libro "Covid-19: El Gran Reinicio" publicado en Junio del 2020: "La pandemia representa una oportunidad, inusual y reducida, para reflexionar, reimaginar y reiniciar nuestro mundo y forjar un futuro más sano, más equitativo y más próspero." - Profesor Klaus Schwab, Fundador y Presidente Ejecutivo del Foro Económico Mundial."

<u>¿Cuáles son los objetivos del Foro Económico Internacional?</u>

Aunque estos están recogidos en varios artículos en su página web, se encuentran resumidos en un breve vídeo de poco más de un minuto sobre ocho predicciones para el mundo en el 2030. Obviamente no se trata solamente de predicciones sino que son un fiel reflejo de los objetivos de la agenda globalista, que quiere imponer el Foro Económico Mundial. Estas predicciones son:

1."No tendrás nada y serás feliz. Podrás alquilar cosas que necesites y te lo llevará un dron a casa". Es decir, se promueve el final del capitalismo y la vuelta al socialismo como sistema económico mundial impuesto, en el que como en todo sistema socialista se producirá una subida de impuestos de carácter progresivo, es decir que los ricos pagan más porcentaje de impuestos que los pobres, con una consecuente redistribución de la riqueza y de los recursos, con la cual todos acabarán teniendo una misma capacidad económica y recursos, excepto los gobernantes que serán los ricos. Además se eliminará la propiedad privada, porque gracias a la revolución tecnológica propia de la cuarta revolución industrial se podrá alquilar casi cualquier cosa que una persona necesite y no será imprescindible ser dueño de nada. Es decir, se eliminará el liberalismo económico (o neoliberalismo) que defiende los derechos individuales y la propiedad privada, y se pasará a un socialismo global impuesto

2."Estados Unidos no será la principal superpotencia del mundo", lo cual es casi una realidad en el año 2021, porque prácticamente ya lo es China a nivel económico, que a Septiembre del 2018 era el mayor exportador del mundo (y continúa siéndolo en el 2021) con 2,26 billones de dólares frente a 1,54 billones de dólares de Estados Unidos, es decir unos ingresos por exportaciones un 32% superior, siendo así la primera fábrica mundial como podemos comprobar con la gran cantidad de productos que podemos comprar en nuestros países y que están fabricados en China.

3. "No morirás esperando a un donante de órganos": serán fabricados con impresoras 3D, lo cual es algo muy positivo si se produce, y va en consonancia con la revolución tecnológica de la cuarta revolución industrial actual

4. "Comerás mucha menos carne": la carne será "un placer ocasional, no un alimento básico, por el bien del medio ambiente y nuestra salud". Se introduce otra vez la defensa del medio ambiente contra la acción del hombre que provoca el cambio climático, el calentamiento global y la desaparición de los recursos. Entonces el hombre se convierte en el gran enemigo del propio hombre porque destruye el planeta y acaba con los recursos naturales, y así la naturaleza se convierte en una nueva divinidad que hay que venerar y proteger como en las religiones paganas.

5. "Mil millones de personas tendrán que desplazarse por el cambio climático. Tendremos que hacer un mejor trabajo de bienvenida e integración de estos refugiados". Así pues se confirma que en menos de 10 años, 1.000 millones de personas van a migrar, que está en consonancia con el dogma globalista de migración masiva y descontrolada y la política de fronteras abiertas de George Soros.

6. "Los contaminadores tendrán que pagar para emitir dióxido de carbono" - "Habrá un precio global para el carbono. Esto ayudará a que los combustibles fósiles sean historia ". Es decir que con la excusa del cambio climático provocado por el hombre se limitará el crecimiento económico de los países pobres que quieran salir de la pobreza.

7. "Los científicos están trabajando por una estancia saludable en el espacio, lo cual puede facilitar la investigación". Es decir, somos demasiadas personas en este planeta para los recursos existentes, y por lo tanto es necesario vivir en otros planetas.

8. "Los valores occidentales serán puestos a prueba. Los valores que sustentan nuestras democracias deben ser considerados." Es decir debemos pasar de un sistema económico capitalista a uno socialista impuesto por las élites mundiales

supranacionales, y debemos dejar que las democracias que rigen las naciones occidentales sean sustituidas por un nuevo gobierno mundial impuesto y antidemocrático.

Solamente queda por añadir que el problema de este sistema socialista mundial es que aunque pretende ser justo y redistributivo de la riqueza entre ricos y pobres, la verdad es que convierte a la mayoría de personas en más pobres, ya que todos deberán tener las mismas o muy parecidas rentas de capital y recursos materiales, en vez de permitir que quien más trabaje o tenga más capacidad gane más. Es decir, la igualdad en sí misma no es justa, ya que por ejemplo, ¿en qué sistema preferirías vivir: en uno donde todos tengamos que vivir en casas de 80 metros cuadrados o en uno donde podamos vivir la mayoría en casas de 100 a 500 metros cuadrados según la capacidad adquisitiva, aunque haya unos ricachones que vivan en mansiones de 4.000 metros cuadrados?

# La resistencia a la agenda globalista

Precisamente son los políticos más impopulares y patrióticos, a menudo situados en la derecha política, los grandes opositores a la agenda globalista, como es el caso de estos tres presidentes protestante o evangélicos: el presidente saliente de Estados Unidos en el 2021 Donald Tremp, de Jair Bolsonaro en Brasil y de Viktor Orbán en Hungría. También se oponen firmemente a la agenda globalista el presidente de Rusia, Vladimir Putin, o el presidente de China, Xi Jinping.

En España, parece bastante evidente que la única fuerza política conocida que parece oponerse a la agenda globalista es el partido patriótico de derechas Vox.

# Dogma 1 de la agenda globalista:

# el calentamiento global o cambio climático

La teoría del calentamiento global, actualmente llamada del cambio climático, es aquella en la que los científicos y medios de comunicación dicen que la temperatura en la superficie terrestre está subiendo excesivamente y de forma peligrosa debido a la emisión por el ser humano de gases de efecto invernadero como el dióxido de carbono ($CO_2$), el óxido nitroso ($N_2O$), el metano ($CH_4$) y el ozono ($O_3$), de los cuales el dióxido de carbono se considera que es el principal causante de este efecto invernadero.

Como efecto invernadero entendemos la acumulación de estos gases en la atmósfera que absorben y emiten radiación dentro del rango infrarrojo.

Así pues la teoría del calentamiento global es ampliamente conocida por todos debido a su publicación repetida y constante en los medios de comunicación oficiales tanto televisivos, radiofónicos como en la prensa escrita, lo que la ha convertido en una teoría ampliamente creída y aceptada como cierta por la mayoría de la población no científica.

Pero no debemos confundir el hecho real de que durante toda la historia de nuestro planeta se han producido cambios climáticos a través de los siglos, y de que siempre ha habido épocas con temperaturas más cálidas que en otras, con el hecho de que estos cambios observados en el siglo XX y XXI sean anormales y peligrosos para el planeta Tierra. De hecho el clima no es siempre igual sino cambiante dependiendo de múltiples factores, y nadie duda por ejemplo de que la contaminación y destrucción de hábitats naturales provocadas por el ser humano tiene cierto impacto medioambiental. Sin embargo este impacto en el medio ambiente está ampliamente exagerado o falsificado como veremos en este capítulo.

Además como el cambio climático es algo complejo de entender, para lo cual es necesario conocimientos en varias disciplinas científicas como la geología, la física, la química, etc., no es una teoría que realmente pueda cuestionar el resto de la población no científica a los científicos. Pero a pesar de esta realidad y para sorpresa de muchas personas, sí hay un numeroso grupo de científicos que prueban que la teoría del calentamiento global provocado por el ser humano o del cambio climático peligroso no es cierta, y que al parecer se equivocarían con esta teoría de manera consciente porque son servidores de los dogmas impuestos por la agenda globalista.

El dogma del cambio climático peligroso es lo que el Foro Económico Mundial utiliza como excusa para impulsar un reseteo político, económico y social, es decir que debemos contaminar menos y hacerlo todo respetando más el medio ambiente con políticas verdes y utilizando energías renovables, lo cual como es obvio no justifica lo suficiente ningún reseteo.

Pero además la pandemia del Covid-19 se presenta como una oportunidad para luchar contra el cambio climático. Si bien es cierto que todas las crisis son una oportunidad para cambiar y mejorar, cuesta bastante encontrar la relación entre la pandemia del Covid-19 y la lucha contra el cambio climático. Es decir, cualquier excusa es utilizada para combatir el supuesto cambio climático provocado por el hombre peligroso y anormal.

Así lo explica Mark Lynas en un artículo en la web del Foro Económico Internacional que se titula así: "COVID-19 ha lanzado a nuestro planeta un salvavidas para luchar contra el cambio climático:

• COVID-19 ha acercado más que nunca los imperativos climáticos y económicos.

• Si el mundo aprovecha esta oportunidad, las generaciones futuras recordarán el año 2020 como el año en que la humanidad derrotó una pandemia y salvó el planeta.

• La COVID-19 llevó a la muerte a más de 500 000 personas en el mundo, enfermó a millones y sigue causando estragos. Pero, como dice el refrán —y sin pretender minimizar esta tragedia humana de manera alguna— no hay mal que por bien no venga. Si tomamos las decisiones correctas a medida que los confinamientos se relajen, tal vez la pandemia le haya tendido una mano a la humanidad para lidiar con el desafío mucho mayor del cambio climático.

Así pues en resumen el gran enemigo con el que debemos luchar es la humanidad misma que contamina la atmósfera y provoca el cambio climático, y según el Foro Económico Mundial, la pandemia del Covid-19 simplemente lo que ha hecho es poner en evidencia más este problema porque al producirse confinamientos de personas por la pandemia en el año 2020 y el cierre de muchas fábricas y comercios, se han emitido mucha menos cantidad de gases de efecto invernadero, y se han podido observar cielos más limpios y atmósferas menos contaminadas. Pero el hecho de que se haya contaminado menos la atmósfera por los confinamientos y el cese de la actividad económica a nivel global, no indica que el cambio climático sea el más importante peligro que enfrenta la humanidad para justificar un reseteo a todos lo niveles, y más cuando las políticas verdes y medioambientales ya se llevan aplicando desde hace décadas de forma cada vez más creciente en la mayoría de naciones del mundo.

<u>¿Por qué si hay un aumento de temperaturas en la superficie terrestre o se está produciendo un cambio climático éstos no son peligrosos</u>?

En los siguientes capítulos sobre el cambio climático me baso en evidencia presentada por el Panel Internacional No Gubernamental sobre el Cambio Climático o NIPCC por sus siglas en inglés, en su informe en inglés cuya segunda edición fue publicada en el 2014 y que se titula "Por qué los científicos no están de acuerdo sobre el calentamiento global. El informe del NIPCC sobre el consenso científico".

Los hallazgos clave de este libro incluyen lo siguiente:

No hay consenso científico ya que el hecho más importante sobre la ciencia del clima, que a menudo se pasa por alto, es que los científicos no están de acuerdo sobre los impactos ambientales de la combustión de los combustibles fósiles en el clima global.

Así pues los artículos y encuestas que se citan con mayor frecuencia como apoyo del "consenso científico" a favor de las hipótesis del calentamiento global peligroso son sin excepción, metodológicamente defectuosos, y a menudo deliberadamente engañosos.

De hecho no hay ninguna encuesta o estudio que muestre "consenso" sobre los aspectos más importantes y las cuestiones científicas en el debate sobre el cambio climático, y numerosos datos de encuestas muestran un profundo desacuerdo entre los científicos sobre cuestiones científicas que deben resolverse antes de que la hipótesis del calentamiento global provocado por el hombre sea validada.

Es importante destacar que muchos expertos destacados y probablemente la mayoría de los científicos que trabajan no estén de acuerdo con las afirmaciones hechas por el Grupo Intergubernamental sobre el Cambio Climático de las Naciones Unidas (IPCC).

<u>Por qué los científicos no están de acuerdo</u>

El clima es un tema interdisciplinario que requiere conocimientos de muchos campos de estudio. Muy pocos eruditos dominan más de una o dos de estas disciplinas, y las incertidumbres fundamentales surgen de una observación insuficiente de la evidencia, de desacuerdos sobre cómo interpretar los datos y cómo establecer los parámetros en los modelos climatológicos.

El IPCC, fue creado para encontrar y difundir investigaciones que encuentren un impacto humano sobre el clima global, no es una fuente creíble. Está impulsado por una agenda, y es más un cuerpo político que científico, y muchos dicen que corrupto.

Así pues los científicos que estudian el clima, como todos los humanos, pueden estar sesgados, y los orígenes de estos sesgos se encuentra a menudo en la búsqueda de la promoción en sus carreras, en la búsqueda de subvenciones, en presiones políticas y sesgos de confirmación de la información.

<u>¿Hay realmente un consenso del 97% de los científicos mundiales sobre el hecho de que el cambio climático es provocado por el ser humano, urgente y peligroso</u>?.

 La historia completa se encuentra en el vídeo de Youtube que se llama "La historia en profundidad detrás de un fraude climático" investigado y narrado por el Dr. John Robson, que es el director ejecutivo del Climate Discussion Nexus (Nexo de Debate Climático), y cuyo enlace comparto en la bibliografía al final del libro:

Así pues en el año 2009 un par de investigadores de la Universidad de Illinois enviaron una encuesta por internet a más de 10.000 científicos que estudiaban el planeta Tierra, haciendo dos preguntas simples: "¿Está de acuerdo en que las temperaturas globales han aumentado generalmente desde antes de 1800?", y "¿crees que la actividad humana es un factor contribuyente significativo de ello?". [Nota: también hicieron algunas otras preguntas, pero no informaron sobre las preguntas o los resultados en la publicación].

En la encuesta no mencionaron los gases de efecto invernadero, no explicaron qué significaba el término "significativo" y no hicieron mención del peligro o la crisis climática. ¿Entonces cuál fue el resultado?.

De las 3.146 respuestas que recibieron, el 90 por ciento dijo que sí a la primera pregunta, es decir que las temperaturas globales habían aumentado desde la Pequeña Edad de Hielo, y sólo el 82 por ciento dijo que sí a la segunda, que la actividad humana era un factor contribuyente significativo.

Curiosamente, entre los meteorólogos, sólo el 64 por ciento dijo que sí a la segunda pregunta, lo que significa que un tercio de los expertos en el estudio de los patrones climáticos que respondieron no creían que los humanos desempeñaran un papel importante en el calentamiento global, y mucho menos uno dominante.

Lo que más llamó la atención a los medios de comunicación fue que entre los 77 encuestados que se describieron a sí mismos como expertos en clima, 75 dijeron que sí a la segunda pregunta. 75 de 77 es 97%.

Exacto, no llamó la atención de los medios de comunicación que sólo tomaran 77 de las 3.146 respuestas. Pero ese es el truco estadístico clave. Encontraron un consenso del 97 por ciento entre el 2 por ciento de los encuestados. Y aun así este consenso era solamente sobre el hecho de que había habido algo de calentamiento desde el siglo XIX, que prácticamente nadie niega, y que los humanos son en parte responsables.

Estos expertos no dijeron que el calentamiento fuera peligroso o urgente, porque no se les preguntó. [Nota: o como se indicó anteriormente, si realmente se les preguntó si el calentamiento era peligroso o urgente, los resultados no informaron sobre ello].

Por lo tanto hasta ahora, la afirmación de que el 97% de los "científicos mundiales" dicen que hay una crisis climática es pura ficción.

<u>Método científico versus ciencia política</u>

La hipótesis implícita en todos los escritos del IPCC, aunque rara vez explícitamente declarado, es que el calentamiento global peligroso es el resultado, o será el resultado, de emisiones de gases de efecto invernadero relacionadas con los seres humanos.

La hipótesis nula que se niega implícitamente es que los cambios actualmente observados en los índices de clima global y en el entorno físico, así como los cambios actuales en las características de los animales y las plantas son el resultado de la variabilidad natural.

Así pues en contradicción con el método científico, el IPCC asume de manera implícita que su hipótesis es correcta y que su único deber es recopilar pruebas y hacer argumentos plausibles a favor de la hipótesis.

<u>Proyecciones defectuosas</u>

El IPCC y prácticamente todos los gobiernos del mundo dependen de los modelos climáticos globales (MCG) para pronosticar los efectos de las emisiones de gases de efecto invernadero sobre el clima.

Los modelos climáticos globales sobrestiman sistemáticamente la sensibilidad del clima al dióxido de carbono ($CO_2$), muchas causas y retroalimentaciones conocidas son modeladas de forma pobre, y los modeladores excluyen causas y retroalimentaciones que van en contra de su misión de encontrar una influencia humana en el clima.

Además cuatro pronósticos específicos hechos por los modelos climáticos globales han sido falsificados por datos del mundo real de una amplia variedad de fuentes. En particular, se ha comprobado que no ha habido calentamiento global durante unos 18 años.

<u>Postulados falsos</u>

Ni la tasa ni la magnitud de los informes sobre el calentamiento de la superficie terrestre de la última parte del siglo XX (1979-2000) quedan fuera de la variabilidad natural normal.

El pico cálido de finales del siglo XX no fue de mayor magnitud que los picos anteriores causados enteramente por causas y retroalimentaciones naturales.

Además históricamente, los aumentos en el $CO_2$ atmosférico siguieron a aumentos en la temperatura, no los precedieron. Por lo tanto, los niveles de $CO_2$ no pueden haber hecho que las temperaturas suban.

Los factores solares no son demasiado pequeños e insignificantes para explicar el calentamiento del siglo XX. De hecho, su efecto podría ser igual o mayor que el efecto del $CO_2$ en la atmósfera.

Así pues un calentamiento de 2 ° C o más durante el siglo XXI probablemente no sea dañino, porque muchas áreas del mundo se beneficiarían o se adaptarían al cambio climático, y en las áreas más frías crecería nueva vegetación y podrían cultivarse cereales, árboles frutales y plantas que no podrían crecer en un clima más frío.

<u>Evidencia circunstancial poco confiable</u>

 El derretimiento del hielo marino del Ártico y los casquetes polares no se produce en tasas "antinaturales" y no constituye evidencia de un impacto humano sobre el clima.

De esta manera  los mejores datos disponibles muestran que el aumento del nivel del mar no se está acelerando. Los niveles locales y regionales del mar continúan exhibiendo una variabilidad natural típica, así pues en algunos lugares suben y en otros bajan.

Además la relación entre el calentamiento y la sequía es débil y, según algunos datos medidos la sequía disminuyó durante el siglo XX. De hecho los cambios en la hidrosfera (parte de la Tierra ocupada por los océanos, mares, ríos, lagos y demás masas y corrientes de agua) de este tipo son regionalmente muy variables y muestran una correlación más estrecha con la ritmicidad climática en varias décadas que con la temperatura global.

Tampoco se ha establecido una relación convincente entre el calentamiento terrestre en los últimos 100 años y el aumento de los fenómenos meteorológicos extremos. De hecho la ciencia meteorológica sugiere todo lo contrario: un mundo más cálido provoca patrones climáticos más suaves.

No existe evidencia de que los cambios actuales en el permafrost (capa de suelo permanentemente congelado, pero no permanentemente cubierto de hielo o de nieve de las regiones muy frías o periglaciares) ártico no sean simplemente algo natural, o que probablemente causen una catástrofe climática al liberar metano a la atmósfera.

## Implicaciones políticas

En lugar de depender exclusivamente del IPCC para obtener asesoramiento científico, los responsables de la formulación de políticas deben buscar el asesoramiento de organizaciones y científicos independientes no gubernamentales que estén libres de conflictos de interés financieros y políticos.

Así pues las naciones individuales deberían hacerse cargo de establecer sus propias políticas basadas en los riesgos que se aplican a su geografía particular, geología, clima y cultura.

Por otra parte en lugar de invertir los escasos recursos mundiales en una campaña grandísima basada en ciencia politizada y poco confiable, los líderes nacionales harían bien en centrar su atención en los problemas reales que su gente y su planeta enfrenta.

## Resumen de los hallazgos del NIPCC sobre ciencias físicas

1. El dióxido de carbono ($CO_2$) atmosférico es un gas de efecto invernadero suave que ejerce un efecto de calentamiento decreciente a medida que aumenta su concentración.

2. Duplicar la concentración de $CO_2$ atmosférico desde su nivel preindustrial, en ausencia de otras variables y retroalimentaciones, probablemente causarían un calentamiento de -0,3 ° C a 1,1 ° C, casi el 50 por ciento de lo que debe haber ocurrido ya.

Así pues unas décimas de grado de calentamiento adicional, en caso de que ocurriera, no representan una crisis climática.

3. Los resultados de los modelos publicados en sucesivos informes del IPCC desde el año 1990, proyectan que una duplicación del $CO_2$ podría causar un calentamiento de hasta 6 ° C para el 2100. En cambio el calentamiento global cesó a finales del siglo XX y fue seguido desde 1997 por 19 años de temperatura estable.

4. Durante el tiempo geológico reciente, la temperatura de la Tierra ha fluctuado de forma natural entre aproximadamente + 4 ° C y -6 ° C con respecto a la temperatura del siglo XX. Un calentamiento de 2 ° C  de temperatura por encima de la temperatura actual, si ocurriera, estaría dentro de los límites de la variabilidad natural.

5. Aunque un futuro calentamiento de 2 ° C causaría respuestas ecológicas varias, no existe evidencia de que esos cambios sean netamente perjudiciales para el medio ambiente mundial o para el bienestar humano.

6. Al nivel actual de 400 ppm (400 partes de dióxido de carbono por un millón de partes de aire), todavía vivimos en un mundo que necesita más $CO_2$. Durante el período Cámbrico existieron niveles atmosféricos 15 veces mayores (hace unos 550 millones de años) sin efectos adversos conocidos.

7. El calentamiento general desde aproximadamente el año 1860 corresponde a una recuperación de la Pequeña Edad del Hielo, modulada por ciclos naturales de varias décadas de duración impulsados por oscilaciones océano-atmosféricas, o por variaciones en los ciclos de radiación solar llamados Vries (de aproximadamente 208 años de duración) y de Gleissberg (de aproximadamente 80 años de duración) y por periodos más cortos también.

8. La Tierra no se ha calentado significativamente durante los últimos 18 años a pesar del 8 por ciento de aumento del $CO_2$ atmosférico, que representa el 34 por ciento de todo el $CO_2$ extra añadido a la atmósfera desde el inicio de la revolución industrial.

9. No existe una correlación cercana entre la variación de temperatura en los últimos 150 años y las emisiones de $CO_2$ relacionadas con el hombre. El paralelismo del aumento de la temperatura y del $CO_2$ entre 1980 y 2000 d.C. podría ser debido pues al azar y no necesariamente indica una causalidad.

10. Las causas del calentamiento global histórico siguen siendo inciertas, pero existen correlaciones significativas entre los patrones climáticos, la variación en varias décadas y la actividad solar durante los últimos pocos cientos de años.

11. Las proyecciones futuras de los ciclos solares implican que las próximas décadas estarán marcadas por el enfriamiento global en lugar del calentamiento, a pesar de la continuación en las emisiones de $CO_2$.

<u>Evidencias históricas de que el calentamiento actual del planeta no es anormal o peligroso</u>

Si realmente estamos viviendo un calentamiento global, lo cual es discutible sobre todo teniendo en cuenta el invierno 2020-2021 tan severo y con grandes nevadas que estamos experimentando en el hemisferio Norte, éste no es la primera vez que ocurre en la historia de este planeta. Así pues ha habido anteriormente épocas de calentamiento global mayores según los relatos históricos conocidos:

Épocas de calentamiento global mayores a la actual:

1. Periodo final de las glaciaciones.

2. Periodo micénico, es decir en el periodo coincidente con la guerra de Troya.

3. Siglo I a.C. coincidiendo con la época de Julio César y la guerra de las Galias.

4. La Edad Media

5. La década de 1930.

Todas excepto la década de 1930 son épocas en las que no había automóviles, fábricas o industrias por lo que es bastante obvio que el calentamiento global de temperaturas en esas épocas no lo provocó el hombre, y que la razón fue natural y sobretodo relacionada con el sol y sus ciclos de radiación.

Además también se han producido en los últimos 50 años predicciones fallidas relacionadas con el calentamiento global y el cambio climático:

- 1967: "Hambruna terrible para 1975"

- 1969: "Todos desaparecerán en una nube de vapor azul para 1989"

- 1970: "Edad de hielo en el año 2000"

- 1970: "América sufrirá racionamiento de agua en 1974 y racionamiento de alimentos en 1980"

- 1974: El agujero de ozono es un "gran peligro para la vida"

- 1980: "La lluvia ácida mata la vida en los lagos"

- 1988: Las Maldivas estarán bajo el agua en 30 años

- 1989: La subida del nivel del mar "destruirá" a la mayoría de países en el año 2000

- 2000: "Los niños no sabrán qué es la nieve"

- 2004: Gran Bretaña tendrá clima siberiano para 2020

- 2008: El Ártico se quedará sin hielo para 2018

- 2009: El Ártico se quedará sin hielo para 2014

- 2013: El Ártico se quedará sin hielo para 2015

- 2014: Tan sólo restan 500 días antes del "caos climático"

Hoy, en 2021, la farsa sigue...

# 9

# El Papel de la NASA en la teoría del calentamiento global

La NASA, que es la Administración Nacional de Aeronáutica y del Espacio,(por sus siglas en inglés, National Aeronautics and Space Administration) de Estados Unidos, es también uno de las impulsoras de la teoría del calentamiento global peligroso o cambio climático peligroso. De hecho su reputación es mundialmente conocida no solamente por colocar el 20 de Julio de 1969 a los primeros hombres en la luna con la nave Apolo 11, sino también por la multitud de películas estadounidenses donde aparece esta agencia realizando todo tipo de misiones. Así la NASA es también la encargada de publicar infinidad de datos sobre temperaturas en la superficie terrestre o en la atmósfera, o de todo tipo de datos climatológicos donde efectivamente los datos parecen probar que hay un calentamiento global. Además también publican muchos gráficos con estos datos, multitud de fotos como por ejemplo del deshielo de los casquetes  polares y de los glaciares, etc.

A pesar de ello cabe destacar, que aunque se esté produciendo realmente un aumento de la temperatura terrestre desde mediados del siglo XX, ésto no significa que sea peligroso para la supervivencia del planeta o que se esté produciendo de forma antinatural. Así pues lo mismo pasa con la mayoría de fenómenos climatológicos, los cuales aunque realmente se produzcan, no está en absoluto demostrado que se estén produciendo de forma antinatural a diferencia de otros periodos de la historia.

Además los datos medidos que presenta la NASA con respecto al clima son del siglo XX y del siglo XXI y no de siglos anteriores para poderlos compararlos con exactitud con otras épocas de la historia, ya que la NASA fue creada el 1 de Octubre de 1958, lo que representa una gran limitación, ya que entonces los cálculos de temperaturas de épocas anteriores al siglo XX las debe hacer en base a estimaciones, basándose en modelos climatológicos cuyos parámetros pueden estar fácilmente equivocados o manipulados.

También cabe destacar que la NASA es una agencia pública pagada exclusivamente por el Estado Americano, por lo que supuestamente proporcionará datos y explicaciones de estos datos según la teoría oficial sobre el clima que mantenga el gobierno estadounidense, por lo que cabría dudar de su imparcialidad al respecto de lo que pueda decir sobre este tema, al igual de la imparcialidad sobre lo que pueda decir el Panel Intergubernamental sobre el cambio climático (IPCC) de la ONU al respecto del calentamiento global.

# Greta Thunberg & Co.

A día de hoy parece que la agenda globalista tiene entre sus objetivos la captación, uso y abuso de niños y adolescentes como Greta Thunberg. Esta adolescente a día de hoy se ha convertido a los dieciocho años de edad en una de las caras más conocidas de la defensa contra el cambio climático y la teoría del calentamiento global.

En un discurso reciente ante la ONU, acusó a los dirigentes mundiales de haberle robado sus sueños y su infancia y dijo: "estamos al inicio de la extinción masiva y de todo lo que hablan es de dinero y cuentos de hadas sobre un eterno crecimiento económico". Además junto a otros quince niños presentó una queja formal ante el Comité de las Naciones Unidas encargado de los derechos del niño, que acusa a Argentina, Alemania, Francia, Brasil y Turquía de violar los derechos de niños al no ocuparse lo suficiente del calentamiento global. Lo curioso es que no mencionaron a China, la India o Estados Unidos por ejemplo, que se encuentran entre los mayores contaminadores del planeta.

Desafortunadamente los discursos de Greta suelen rozar el tono de odio, y cada vez más está provocando reacciones negativas entre los dirigentes mundiales. Así pues incluso hasta Angela Merkel que en principio la alababa dijo que Greta no había había hablado correctamente porque a día de hoy la tecnología y la innovación, especialmente en el sector de la conservación de la energía, amplían las posibilidades para alcanzar las metas de protección del medio ambiente y del cambio climático.

## Las prácticas humanas de modificación climática

De hecho la modificación del clima por parte de los humanos no es algo nuevo, y de forma abierta ha sido experimentada y utilizada por naciones como Estados Unidos para su uso estratégico en guerras, como por ejemplo se produjo en la guerra de Vietnam por parte de esta nación. Así pues el periodista estadounidense Seymour Hersh reveló en 1972 que Estados Unidos intentó manipular las lluvias estacionales durante la guerra del Vietnamn en lo que se denominó como Operación Popeye, con el objetivo de inundar la ruta comunista a lo largo de la ruta del dirigente Ho Chi Minh. La tecnología fue después adoptada y mejorada por la Unión Soviética y aplicada con fervor por China durante el denominado "Gran Salto Adelante", cuando Mao Zedong dijo "la lluvia creada por el hombre es muy importante. Espero que los expertos meteorológicos hagan lo que mejor puedan para hacerla funcionar".

Aparentemente la modificación humana del clima por parte de China ha sido pacífica y de uso doméstica, así pues por ejemplo en el norte de China este cambio climático se coordina por la oficina de modificación climática de Beijing, que afirma haber aumentado la precipitación en la capital de la nación china en más del 10%. Por ejemplo se afirmó que estas prácticas de modificación del clima ayudaron a aliviar una sequía prolongada, y que antes de los Juegos Olímpicos en el 2008 más de 1.000 conchas de youduro de plata fueron lanzadas al cielo por más de ocho horas para evitar que la lluvia interrumpiera la ceremonia de inauguración de los Juegos Olímpicos.

Esta tecnología también ha sido utilizada para limpiar el humo de la atmósfera antes de la reunión de Cooperación Económica de Asia-Pacífico del 2014.

Así pues en China la modificación climática está instituticionalizada y ampliamente utilizada, e incluso se plantea la aplicación de medidas de gestión de la radiación solar. Pero obviamente hay peligros sobre la extensión a la cual el Gobierno Comunista Chino desea llegar con la manipulación de los elementos que afectan al clima. Así pues en 1970 generales chinos propusieron usar armas nucleares para crear un canal a través de los Himalayas, para que el aire húmedo y cálido de el subcontinente de la India pudiera ser desviado para hacer crecer zonas con vegetación en los desiertos del norte y centro de China. Además la nación china también está en medio del programa más grande del mundo de desviación de agua, cuyo objetivo es similar. Sin embargo muchos científicos, incluso dentro de China, tienen dudas sobre la efectividad y buenas intenciones de los programas de creación artificial de nubes, particularmente a gran escala, ya que obviamente pueden ser utilizados fácilmente por China para crear una guerra climática favorable a los intereses del régimen comunista chino en contra de otras naciones.

Precisamente justo antes de escribir estas líneas leí que John Rendon, el director ejecutivo y presidente de The Rendon Group (TRG), que es una empresa de consultoría estadounidense de comunicaciones estratégicas, siendo también en el pasado director ejecutivo y director político del partido democrático de Estados Unidos, dijo así en su cuenta de Twitter el 6 de Enero del 2021: Las regiones nórdicas de América, Asia y Europa deberían prepararse para eventos climatológicos erráticos y episódicos en este invierno". Es decir que en el hemisferio norte vamos a pasar un invierno duro, debido a que el vértice polar, entendiéndose como vértice polar según Wikipedia a un ciclón persistente a gran escala situado cerca de las zonas polares terrestres, y que se ubican en la media y alta troposfera y en la estratosfera, se está debilitando y tambaleando causado por un evento "repentino" de calentamiento en la estratosfera. Lo curioso es que este evento se produzca de manera repentina como si apareciera de la nada y sin motivación ninguna, lo que obviamente da a entender que puede ser fruto de la manipulación climática humana.

Poco después las fuentes rusas de www.whatdoesitmean.com publican que ha sido el gobierno chino el que ha preparado esta guerra climatológica que nos está dando un gélido invierno.

# Experiencia personal más reciente sobre el cambio climático

Yo vivo en Barcelona, España, desde prácticamente toda mi vida, que es algo más de 40 años, y la verdad es que el verano del 2020 no ha sido el más caluroso ni de cerca, ni ha habido tantas olas de calor como otros años. Además este otoño-invierno del 2020-2021 está incluso mucho más frío que en años previos. Así pues mientras escribo en la ciudad de Barcelona estamos a 5º C, lo cual es una temperatura bastante baja en un clima mediterráneo húmedo como el de Barcelona, y ha habido fuertes nevadas en la mayoría de España. De hecho desde principios de Octubre del 2020 he llevado casi todos los días chaqueta de invierno, mientras que en años anteriores ha habido semanas de relativo calor en Octubre. En definitiva, no me parece que las temperaturas hayan subido en absoluto en el 2020-2021 en el hemisferio norte y en concreto en España donde vivo, con repecto a años anteriores sino al contrario, y posiblemente la manipulación china del clima pueda tener que ver con ello.

# Dogma 2 de la agenda globalista: la migración masiva y descontrolada

Aunque la migración ordenada y controlada en muchos casos puede aportar crecimiento económico en los países que la reciben, por ejemplo con el hecho de que muchos inmigrantes se atreven a emprender y a abrir nuevos negocios que no suelen atreverse a abrir los habitantes locales, ya que por regla general los inmigrantes tienen una tendencia mayor a emprender nuevos negocios, debido a entre otros factores porque son personas que al venir de otro país ya han tenido que arriesgarse en muchos aspectos antes, por lo tanto tienen un menor miedo al riesgo.

Así aunque es lógico, comprensible y humano que las personas busquen nuevos destinos con nuevos hogares donde puedan aumentar su calidad de vida, también es necesario recordar que por ejemplo el Imperio Romano colapsó entre otras razones porque no supo ni pudo controlar bien sus fronteras. Es decir, que un buen control fronterizo ordenado es necesario para mantener la integridad y seguridad nacionales.

Sin embargo tanto George Soros como la agenda globalista defienden un control de fronteras y una política de migración muy laxas, lo cual es defendido por prácticamente todas las entidades supranacionales internacionales como la ONU. El objetivo de abogar por una migración masiva y descontrolada no es otro que erosionar poco a poco los valores culturales e identitarios de las naciones soberanas, para que poco a poco sea más fácil vaciarlas de poder y sean más fácilmente controlables desde las entidades globalistas.

Así pues el 13 de Julio del 2018 se acordó el Pacto Mundial sobre Migración en Marrakech, que aunque puede parecer lleno de buenas intenciones, va respaldado por los objetivos de la agenda globalista, ya que se apela a un sistema de gobernanza multilateral como la ONU, y se menciona como es lógico la amenaza del cambio climático. Así pues el ministro español de Asuntos Exteriores, Unión Europea y Comunicación, Josep Borrell, escribió en un artículo del 12 de Diciembre del 2018 en la web del Ministerio de Exteriores del Gobierno español este artículo que comienza así:

"El mundo es un espacio común y compartido, en el que la interconexión permanente y las tecnologías de la comunicación y el transporte generan flujos de personas, bienes, informaciones e ideas a una escala hasta hace poco inimaginable. Esto requiere un sistema de gobernanza multilateral, que es para lo que nació la ONU al final de la II Guerra Mundial y en pleno descrédito de los nacionalismos, que aun hoy no acaban de salir de escena.

Los movimientos de población son un fenómeno natural, secular y estructural, que no constituye ni una anomalía ni una amenaza, por lo que no dejará de estar en la agenda política en las próximas décadas. Un desafío que sólo puede abordarse desde la cooperación internacional. Ningún país, ni siquiera región, puede por sí solo gestionarlo. Su naturaleza es intrínsecamente transnacional, como lo es también el reto del cambio climático, un factor que también influye en los desplazamientos de las personas, como consecuencia de la desertificación, junto con la inseguridad, la pobreza o la simple falta de oportunidades. Y, como ha recordado el secretario general de la ONU, nadie puede realmente sorprenderse de que los seres humanos busquen un futuro mejor para sí mismos y sus familias."

Aunque evidentemente no es de extrañar que los seres humanos se desplacen para buscar un futuro mejor, no es de extrañar que desde el Agosto del 2020 hayan llegado como nunca antes pateras a Canarias con precisamente inmigrantes de Marruecos y del Norte de África, a los cuales se les ha trasladado incluso a recintos hoteleros para acogerlos, ya que muchos de ellos son documentados a diferencia de los africanos del África subsahariana, e incluso los inmigrantes indocumentados vagaban por las calles con total libertad. En un artículo del diario digital "el Confidencial" con fecha 31 de Octubre del 2020 decía lo siguiente: "**Esta oleada de pateras atestadas (hasta 150 personas por embarcación) llegando sin cesar a las costas canarias desde agosto está generando mucho desconcierto social. La sensación es muy distinta a la crisis de los cayucos del año 2006, cuando llegaron a Canarias 515 pateras con 31.678 personas a bordo, casi todas procedentes de países del África subsahariana azotados por la guerra y la pobreza. Entonces, los inmigrantes eran subidos en autobuses y derivados a instalaciones militares para proceder a su identificación y posterior deportación, o bien para reubicarlos en territorio español si reunían las condiciones de asilo.**

 **Esta vez, los inmigrantes son derivados a alojamientos turísticos, donde cuentan con total libertad de movimientos pese a no disponer en muchos casos de documento de identidad. La visión diaria de grandes grupos de personas vagando por las calles del**

sur de Gran Canaria, en enclaves turísticos de alto valor como Maspalomas y Puerto Rico, ha dado origen a una gran inquietud social.

sur de Gran Canaria, en enclaves turísticos de alto valor como Maspalomas y Puerto Rico, ha dado origen a una gran inquietud social.

# 14

# Dogma 3 de la agenda globalista: la ideología de género

La ideología de genero, es decir, el derecho de que el género no sea definido por la propia naturaleza sino por lo que siente o piensa la persona es una realidad desde hace décadas.

La ideología de género además parece que ha conseguido aceptarse incluso entre muchos sectores cristianos, y haber conseguido silenciar prácticamente a todo el mundo, incluso a cuerpos eclesiales como los del Vaticano.

Así pues la ideología de género trata de explicar que la naturaleza no determina el sexo o género de una persona, y que se ha utilizado el término hombre o mujer basándose en los genitales masculinos y femeninos como una excusa para crear un sistema de opresión de los hombres heterosexuales o patriarcado hacia las mujeres y hacia los hombres y mujeres homosexuales, trans o de cualquier otro tipo de género fluido (de género cambiante). Se trata pues de una concepción de lucha de clases con opresores y oprimidos parecida a la teoría del Manifiesto Comunista de Karl Marx y Friedrich Engels, pero utilizando el sexo y género de las personas como punto de partida.

De todas maneras es respetable que las personas puedan estar de acuerdo con la ideología de género, pero es innegable que se está produciendo una imposición progresiva de esta ideología en las leyes, en la educación, etc., ya que cada vez menos los padres pueden educar a sus hijos en la religión, filosofía o ideología que quieran, sino que han de aceptar forzosamente la visión de la ideología de género que se les impone en las aulas, como va a pasar con la recientemente aprobada en Diciembre del 2020, "Ley Celá" en España, llamada así por Isabel Celá, ministra de Educación y Formación Profesional del Gobierno español. Esta imposición de la ideología de género por parte de las entidades y élites que organizan la agenda globalista, a menudo condiciona la concesión de ayudas económicas a los gobiernos de las naciones a cambio de que apoyen esta ideología a través de la creación de leyes a favor por ejemplo, y la consecuente legalización de sus principios.

De hecho siempre la ideología de género se defiende como un derecho del ser humano, pero su imposición en contra de la voluntad de los padres de los niños en las aulas de los colegios y de las personas en general vulnera los derechos humanos de estas personas.

Como cualquier otro dogma de la agenda globalista es defendida por cualquier entidad supranacional como la ONU, la Organización Mundial de la Salud, el Foro Económico Internacional, el Club Bilderberg, etc.

Efectivamente la meta última de promover la ideología de género es desvincular y desplazar a la familia como núcleo social básico en la sociedad, que ha sido el núcleo típicamente cristiano básico de las sociedades occidentales durante siglos, para poder poco a poco crear una sociedad con otros valores morales, más laica y susceptible de ser moldeada por las élites globalistas.

Así pues debemos recordar que los magnates financieros, tecnológicos, de los medios de comunicación, de las grandes empresas farmacéuticas, etc. que están en los organismos supranacionales de la agenda globalista no están particularmente interesados en los derechos de las personas LGTBIQ+ sino en controlar los destinos de la población mundial, de lo cual es fiel reflejo David Rockefeller por ejemplo, según declaró en sus memorias, sino en lo que a través de la ideología de género se puede conseguir para los objetivos globalistas.

# 15

# Dogma 4 de la agenda globalista: el feminismo extremo

De hecho está muy relacionado con la ideología de género, impulsando la idea de que el hombre ha oprimido a la mujer históricamente, y de que ha ocupado puestos de poder en los cuales la mujer estaba ausente debido a una cultura machista y patriarcal, lo cual ha sido verdad en muchas épocas y en muchas sociedades de la historia.

Pero en la corriente feminista extrema actual  presente por ejemplo en la mayoría de los países de la Unión Europea, el varón es presentado como el culpable de casi todos lo problemas de la mujer, e incluso se legisla en contra del varón y a favor de la mujer en países como España en cuestiones que tienen que ver con violencia doméstica, custodia de hijos, etc. Es decir, por ejemplo, que si una mujer denuncia a un hombre por malos tratos o violencia doméstica se entiende que la mujer dice la verdad y no es necesario probarlo, por lo que inmediatamente en muchos casos para proteger a la mujer se detiene y se pone en el calabozo policial al varón para protección de la mujer, en contra de la presunción de inocencia que debiera regir en el derecho occidental.

También por ejemplo según la legislación de género española ante igualdad de condiciones de un padre y de una madre, siempre la custodia de los hijos en caso de separación o divorcio, es concedida preferentemente a la mujer antes que al varón.

Y en caso de que en España se demuestre que una mujer ha denunciado falsamente a un hombre por violencia de género o doméstica, no se penaliza o multa a la mujer después por ello.

De hecho este femenismo extremo apoyado por la legislación a favor de la mujer y en contra del hombre, y en el caso de España apoyado actualmente por incluso un Ministerio de Igualdad, es totalmente innecesario, ya que a diferencia de lo que ha sucedido históricamente, la mujer en la mayoría de naciones democráticas occidentales goza desde hace décadas de prácticamente los mismos derechos que el hombre, y además cuenta con especial legislación y entidades que defienden los derechos de la mujer.

Precisamente es en las naciones democráticas occidentales donde más movimientos feministas a favor de los derechos de la mujer y en contra del hombre se producen, mientras que sin embargo los derechos y libertades de la mujer no solamente se han igualado a los del hombre, sino que además han superado en muchos casos a los del varón.

Obviamente, este feminismo extremo también es impulsado por la agenda globalista para socavar y erosionar la familia como núcleo social básico y para enfrentar a hombres y mujeres, produciendo una tensión en las naciones favorable a los objetivos de la agenda globalista, erosionando no solamente el núcleo tradicional de la familia sino también las democracias en sí mismas, mientras que las élites globalistas tienen con estas tensiones y enfrentamientos una nueva excusa para poder entrometerse en las políticas nacionales.

# 16

# Dogma 5 de la agenda globalista: el aborto

El avance mundial de la legalización del aborto ha sido constante desde la década de 1970. De hecho desde entonces se considera que se han practicado unos 1.400 millones de abortos en todo el mundo desde el día de hoy.

De hecho aunque el corazón de un feto humano comienza a latir por primera vez desde las tres semanas, actualmente en muchas naciones se practican abortos durante cualquier periodo de la gestación, e incluso abortos después de haber dado a luz.

Se justifica el aborto diciendo que los fetos todavía no son humanos, pero la organización estadounidense con alcance mundial "Planned Parenthood" (Planificación familiar), cuya fuente de negocio principalmente es el aborto y no exactamente la planificación familiar en sentido amplio, vende fetos abortados a laboratorios para que hagan sus experimentos, lo cual demuestra que los fetos son considerados humanos por la misma "Planned Parenthood".

Además aunque el aborto permite ahorrarse la gestación y el posterior cuidado y educación del bebé, no se suele comentar que el aborto deja secuelas psicológicas y emocionales en la madre, en lo que se conoce como síndrome post-aborto (por ejemplo sentido de culpabilidad, tristeza, depresión), aparte de problemas de hemorragias durante semanas en no muchos casos de las madres que han abortado.

De hecho el aborto no es la única solución a un embarazo inesperado, porque existen asociaciones que ofrecen consejería y ayuda a las madres durante y después del embarazo, informando sobre ayudas públicas o privadas a la maternidad como en el caso en España de la Fundación Red Madre.

De todas maneras en la web de la ONU, de la OMS y de la mayoría de las entidades supranacionales que apoyan la agenda globalista, promueven el aborto como si fuera la única solución a los embarazos inesperados, aunque el aborto no es de hecho la mejor solución para la salud de la madre. Así pues la promoción y patrocinio del aborto responde a la idea malthusiana de reducción de la población mundial, para que además así con un número de población menor pueda ser más fácilmente controlable por estas instancias supranacionales globalistas.

Curiosamente la tendencia de legalización del aborto en los distintos países es que cada vez más se puede practicar en cualquier momento del embarazo y no solamente en los primeros cuatro meses y por cualquier motivo, no solamente en caso de violación o riesgo de muerte de la madre. Así pues esta incondicionalidad de la práctica del aborto es incluso más extrema que la legislación que tenían los nazis para el mismo, el cual sólo podían practicarlo en casos de problemas genéticos del feto o de riesgo para la salud o vida de la madre.

# Dogma 6 de la agenda globalista: la eutanasia

La eutanasia al igual que el aborto tiene sus antecedentes en las políticas eugenésicas de los nazis del siglo XX. Eugenesia era la aplicación de las leyes biológicas de la herencia y de la modificación genética con el fin del perfeccionamiento de la especie humana, basada en una presunta superioridad de la raza ária o del norte de Europa sobre todas las demás.

Así pues con el fin del mejorar la especie humana se aplicaba la eutanasia a niños y personas con enfermedades terminales o defectos genéticos, junto con el aborto.

A día de hoy la legalización de la eutanasia se extiende cada vez por más países y es permitida cada vez en más supuestos, especialmente en enfermos terminales. De hecho varios medios de comunicación expresaron que las decenas de miles de muertes en el año 2020 de personas mayores  aisladas en residencias de ancianos en España, que murieron más por la desatención personal y sanitaria que por el virus del Covid-19, con la excusa de que pudieran contagiar a sanitarios y familiares. Así se les aisló de forma que sus familiares no podían visitarles ni realmente se les dio la asistencia sanitaria necesaria, en lo que parece un ejercicio de eutanasia generalizada y de reducción de la población en armonía con los dogmas y objetivos de reducción de la población globalistas. Así por ejemplo la residencia de ancianos Vitalia Leganés, una de las grandes del sector privado en Madrid, reconoció que a día 2 de Abril del 2020, es decir a principios de la pandemia, más de 89 personas ya habían muerto de Covid-19 según los familiares de las víctimas. Curiosamente el vicepresidente primero actual del gobierno español, Pablo Iglesias, del partido de izquierdas comunista, Unidas Podemos, tenía el mando único de la gestión de las residencias de ancianos en aquel momento.

# Dogma 7 de la agenda globalista: la legalización del tráfico, comercio y consumo de la droga

Así pues el mismo George Soros desde 1992 ha defendido la legalización del tráfico, comercio y consumo de la droga alegando que se trata de un derecho humano, y que con la legalización se acabaría con los efectos devastadores que produce en la economía de las naciones el tráfico y comercio ilegal de la droga, junto con el aumento de la delincuencia relacionada con el narcotráfico, y el efecto devastador que produce en la salud y muerte de muchos consumidores. Pero de hecho igual que si por ejemplo se legalizaran las violaciones a mujeres y niños de 22 h a 23 h los sábados por la noche con el fin de acabar con las violaciones, tampoco la legalización parcial o total del tráfico, comercio y consumo de las drogas acabaría con este problema.

De hecho el tráfico y comercio de drogas se trata de una plaga como lo demuestran las experiencias históricas vividas con los grandes cárteles de la droga, por ejemplo en Colombia y Méjico, y  por lo tanto para acabar con un problema tan grande es necesario regularlo y controlarlo, incluyendo además de legislación adecuada al respecto, un mayor y más efectivo control policial y mejor control fronterizo entre los países.

Así pues la legalización del tráfico, comercio y consumo de drogas simplemente provoca mayores problemas sociales en las naciones, incluyendo familias destructuradas, por lo que no es de estrañar que entre la agenda globalista la legalización masiva de la droga sea uno de sus dogmas con el fin de subvertir el orden nacional, y tener una excusa para imponer un nuevo orden mundial supranacional que además controle las fronteras.

# La gran amistad entre el Gran Reseteo y el Covid-19

Mucho se ha debatido en el año 2020 sobre si el virus Covid-19 tiene un origen natural o creado y modificado en el laboratorio. Aunque de hecho se trata de un buen debate puede resultar un poco inútil, porque tanto si nos enfrentamos a un virus natural como creado en laboratorio vamos a tenerlo que enfrentar de todas maneras. Pero si algo no admite duda, es que como ya dijo el diario financiero "Financial Times" y muchos expertos en el 2019 a través de plataformas como por ejemplo YouTube, para el 2020 se avecinaba un reseteo económico que ya se está produciendo y que ha sido anunciado y explicado por el Foro Económico Mundial en el 2020 en su propia página web, y cuya reunión en primavera del 2021 va a llevar el título precisamente de "Gran Reseteo" y va tratar sobre este tema.

Así pues es más lógico pensar que se creó este virus en un laboratorio con el  fin de utilizarlo para crear un gran reseteo mundial, que pensar que se ha producido la mayor coincidencia de la historia juntándose un gran reseteo anunciado previamente con la pandemia de un virus nuevo. Es decir, es una coincidencia muy grande que precisamente en el 2020 coincida el Gran Reseteo previamente anunciado con una pandemia que todavía dura en el 2021.

Así pues sin lugar a dudas la pandemia del Covid-19 se está utilizando para adelantar la agenda globalista, hacer un gran experimento psicológico con los confinamientos y ver hasta dónde resiste la gente, como se afirma en la misma web del Foro Económico Mundial en un artículo con fecha 9 de Abril que se titula "El confinamiento es el mayor experimento psicológico mundial, y pagaremos el precio por ello". Así con el miedo inducido con la ayuda de los medios de comunicación que hablan continuamente de infectados y muertes por el virus, se consigue que se pueda controlar mejor a las personas, que están dispuestas a sacrificar sus derechos y libertades a cambio de una supuesta protección, seguridad y cuidado que les facilita el Estado.

Además después de que la pandemia fuera declarada oficialmente por la Organización Mundial de la Salud a principios de Marzo del 2020, en prácticamente la totalidad de países del mundo hemos estado experimentado restricciones a la movilidad, confinamientos y utilizando mascarillas. La verdad es que a Enero del 2021, es decir más de 10 meses después, ha quedado probado que los confinamientos y el uso de mascarillas como mucho producen un descenso y alivio en el caso de contagios y muertes por Covid-19 temporal, que vuelve a aumentar cuando las medidas de restricción se flexibilizan, y que el virus Covid-19 no desaparece en verano cuando aumentan las temperaturas. Entonces nunca más que antes el mundo parece vagar sin rumbo, ya que primero los medios de comunicación decían que una vez hubiera vacuna se podrían flexibilizar las restricciones y confinamientos y acabar con la pandemia, pero ahora ya hay varias vacunas en el mercado sacadas extremadamente rápido contra el Covid-19 de varias farmacéuticas, que no parecen ser efectivas y que están provocando graves efectos secundarios e incluso la muerte entre las personas que las reciben. Y segundo que los confinamientos, medidas de higiene y seguridad, y el uso de mascarillas no parecen ser suficientes para acabar con la pandemia según lo observado en más de 10 meses de supuesta plandemia.

Tercero, que el virus puede mutar en cualquier momento, como parece que ha pasado con la nueva cepa del Reino Unido aparecida a finales del año 2020, y estas vacunas sacadas con tanta prisa y que están produciendo tantos efectos adversos al administrarlas serían menos efectivas todavía.

Cuarto, que para el propio virus de la gripe cada año tenemos una vacuna nueva porque el virus muta, y a pesar de ello la gripe nunca ha desaparecido.

En resumen, ni confinamientos, ni el uso de mascarillas, ni medidas de higiene y seguridad, etc. han sido suficientes para contener la pandemia, pero se siguen aplicando a día de hoy estas mismas medidas contra el virus de forma continua sin saber hasta cuándo exactamente, como si éstas fueran la solución a la pandemia, mientras que sin embargo hacer más hospitales, más unidades de cuidados intensivos y formar a más sanitarios no parece estar en los planes de casi ningún gobierno. ¡Qué extraño!. ¿No?.

De esta manera seguimos privados de nuestros derechos y libertades como la libertad de movimiento con la excusa de la pandemia del Covid-19, cuando estas medidas ya han demostrado que no son la solución, y no solamente el derecho a la libertad de movimiento sino también el derecho a la libertad de expresión, ya que desde el inicio de la pandemia las grandes empresas tecnológicas a través de especialmente sus redes sociales se han encargado de censurar contenido u opiniones disidentes a la narrativa oficial sobre la pandemia, censura que también han aplicado muchos gobiernos como el actual gobierno social-comunista español. Así el gobierno del presidente español actual Pedro Sánchez ha creado un organismo, conocido popularmente como el Ministerio de la "Verdad", para vigilar las «noticias falsas» difundidas por internet, a cuyo frente figuran dos altos cargos de La Moncloa (la casa donde vive el presidente):el jefe de gabinete del presidente y el secretario de Estado de Comunicación.

Así pues incluso después de la sesión del 6 de Enero del 2021, de certificación de los resultados de las elecciones presidenciales estadounidenses del 3 de Noviembre del 2020 en el Capitolio Americano, que fue interrrumpida por el asalto al mismo, las compañías tecnólogicas han censurado e incluso han eliminado las cuentas del presidente saliente de Estados Unidos en redes sociales con la excusa de incitar a la violencia a través de sus publicaciones.

# 20

# La primera democracia y la fragilidad de las democracias occidentales

La primera democracia existente fue en la Antigua Grecia  en los siglos V y IV AC, durante aproximadamente algo menos de dos siglos, y acabó desapareciendo por varias razones. Una de estas causas  parece ser era que quien gobernaba al pueblo no era una persona de moral decente o instruida, sino más bien un ladrón y era así porque era la persona más conveniente.

Además la democracia pareció haber desaparecido en Grecia porque el pueblo era fácilmente manipulable, así pues los políticos buscaban alcanzar y mantener el poder en base al voto popular y para conseguirlo no buscaban hacer el bien para la sociedad sino halagar a las masas, en el sentido de darle lo que ellos pedían, fuera dinero, trabajos, tierras, ganado, etc. Así pues el pueblo esperaba de sus gobernantes que les diera o concediera favores cada vez más en vez de que le gobernara bien.

Además la ciudad estado de Atenas se intrometió en la política de otros estados como Esparta, y esta visión imperial acabó incrementando el gasto militar que era bien visto por las clases que vivían de la industria de la guerra.

Así pues todos estos factores hicieron desaparecer la democracia en Atenas, aunque luego reaparecería mucho más debilitada en el 399 a.C. con la ejecución del filósofo Sócrates, simplemente porque la democracia consideraba una amenaza a los hombres honrados que decían la verdad

Actualmente con los gobiernos nacionales pasa parecido a lo que pasó en la polis de Atenas, los políticos hacen promesas en las campañas electorales para ganar votos, y luego conceden ayudas, privilegios y favores a unas redes clienterales para que les sigan votando y les permitan mantenerse en el poder, con lo que más bien buscan halagar al pueblo que ayudarlo realmente.

Así pues aunque la democracia es en teoría un sistema político más justo que una dictadura porque los gobernantes se escogen en elecciones por el pueblo de manera más o menos directa, sin embargo es más fácil de mantener el poder en una dictadura que en una democracia, y por éso la implantación de dictaduras con el control de las instituciones y la eliminación de la competencia política es una tentación tan grande para los políticos en el gobierno de un sistema democrático. Así pues ha pasado con el expresidente de Venezuela Hugo Chávez  a finales del siglo XX y principios del siglo XXI que fue elegido por una mayoría abrumadora en elecciones democráticas para luego poco a poco imponer una dictadura a través del control de las instituciones del país, a través del control del ejército y  de la censura impuesta a la libertad de expresión.

También pasó parecido con Hitler y Mussolini que eran socialistas nacionalistas no internacionalistas elegidos en elecciones democráticas no demasiado limpias, y que acabaron eliminando el sistema parlamentario y la oposición política, implantando una dictadura.

En definitiva vemos que la democracia es un sistema que a menudo se encuentra amenazado entre otras causas por los ímpetus dictatoriales de los gobernantes con el fin de mantener su poder, y en la que los gobernantes no suelen buscar el bien de la sociedad general sino más bien crear redes clientelares a las que conceden ayudas económicas, privilegios y favores, etc., como por ejemplo concesiones de servicios estatales a ciertas empresas, para seguir manteniéndose en el poder a través de sus votos.

# El origen de la democracia moderna: la reforma protestante

Como hemos visto la democracia ateniense desapareció y no volvió a aparecer hasta el siglo XVI como resultado de la reforma protestante, reforma de caire solamente espiritual pero que indirectamente introdujo grandes cambios en las naciones donde se implantó.

 Así pues de forma resumida la Iglesia Católico-Romana se había convertido en una mezcla de filosofía griega, derecho romano y espiritualidad pagana y nada tenía que ver con la iglesia primitiva del primer siglo después de Cristo. La Reforma protestante hizo que se volviera a considerar, como había sido en la iglesia primitiva, a la biblia como el único libro inspirado por Dios que debía estudiarse y considerarse palabra divina. Así pues los países que la adoptaron como Alemania, Reino Unido, Holanda, Suiza, parte de la actual Bélgica, etc. al contrario que los países que no lo hicieron y adoptaron la Contrarreforma católica como España, Francia, Italia, Portugal, evolucionaron hacia estados democráticos, ya que aceptaron la supremacía de la ley por encima de la interpretación que daban las instituciones a la ley. De hecho el respeto a la ley es uno de los muchos valores que se transmiten en la biblia, y al aplicar este principio de supremacía de la ley las naciones que adoptaron la Reforma, éstas comenzaron a desarrollar instituciones democráticas, mientras que los países que adoptaron la Contrarreforma católica deberían esperar varios siglos para ver sus naciones convertidas en democracias.

Además la Reforma protestante también influyó en la creación del concepto de servidor público, de poder limitado de los gobernantes, de la elección de magistrados y la separación de poderes para contrarrestar los abusos del poder estatal.

# La cuarta revolución industrial

Mientras que a finales del siglo XVII fue la máquina de vapor, esta vez parece que serán los robots integrados en sistemas ciberfísicos los responsables de una transformación radical.

Los economistas le han puesto nombre: la cuarta revolución industrial que teóricamente viene marcada por la convergencia de tecnologías digitales, físicas y biológicas, convergencia que anticipa que cambiará el mundo tal como lo conocemos.

¿Suena muy radical?. De hecho de cumplirse los vaticinios lo será. Y está ocurriendo, dicen, a gran escala y a toda velocidad.

Klaus Schwab, presidente del Foro Econónico Internacional y autor del libro "La cuarta revolución industrial" publicado en el año 2016, escribió: "Estamos al borde de una revolución tecnológica que modificará fundamentalmente la forma en que vivimos, trabajamos y nos relacionamos. En su escala, alcance y complejidad, la transformación será distinta a cualquier cosa que el género humano haya experimentado antes".

De esto modo teóricamente en la cuarta revolución industrial la manufactura cambiará de un modo radical y con ella el mundo del empleo. De hecho las fábricas parece ser que serán automáticas y muy inteligentes.

De hecho los "nuevos poderes" del cambio vendrían de la mano de la ingeniería genética y las neurotecnologías, dos áreas que tal vez parecen lejanas para el ciudadano de a pie, pero cuyas repercusiones en teoría impactarán en cómo somos y nos relacionamos hasta en los rincones más lejanos del planeta: la revolución en teoría afectará el mercado del empleo, el futuro del trabajo, la desigualdad en el ingreso y sus consecuencias impactarán la seguridad geopolítica y los marcos éticos.

Entonces, ¿de qué se trata el cambio y por qué hay quienes creen que se trata de una revolución?.

Lo importante, destacan los teóricos de la idea, es que no se trata de desarrollos, sino del encuentro de esos desarrollos. Y en ese sentido, representa un cambio de paradigma, en lugar de un paso más en la carrera tecnológica frenética.

Así pues estas son en teoría las 5 claves para entender la REVOLUCIÓN 4.0:

1. Alemania fue el primer país en establecerla en la agenda de gobierno como "estrategia de alta tecnología".

2. Se basa en sistemas ciberfísicos, que combinan infraestructura física con software, sensores, nanotecnología, tecnología digital de comunicaciones

3. La internet de las cosas (multitud de electromésticos, aparatos o dispositivos conectados a internet como neveras, lavadoras, etc.que informarán casi constantemente del uso de sus usuarios) jugará un rol fundamental.

4. Permitirá agregar US$$14,2 billones a la economía mundial en los próximos 10-15 años.

5. Cambiará el mundo del empleo por completo y afectará a industrias en todo el planeta

Así también dice Klaus Schwab en este mismo libro: "La cuarta revolución industrial, no se define por un conjunto de tecnologías emergentes en sí mismas, sino por la transición hacia nuevos sistemas que están construidos sobre la infraestructura de la revolución digital anterior."

Mientras que El Foro Económico Mundial escribió al respecto sobre la cuarta revolución industrial: "Hay tres razones por las que las transformaciones actuales no representan una prolongación de la tercera revolución industrial, sino la llegada de una distinta: la velocidad, el alcance y el impacto en los sistemas. La velocidad de los avances actuales no tiene precedentes en la historia… Y está interfiriendo en casi todas las industrias de todos los países".

También llamada 4.0, la revolución sigue a los otros tres procesos históricos transformadores: la primera marcó el paso de la producción manual a la mecanizada gracias a novedades como el motor a vapor y se dió entre 1760 y 1830; la segunda, alrededor de 1850, trajo la electricidad y permitió la manufactura en masa.

En cambio para la tercera hubo que esperar a mediados del siglo XX, con la llegada de la electrónica y la tecnología de la información y de las telecomunicaciones.

# EL CUARTO GIRO, MILLENIALS, LA CRISIS DEL COVID-19 Y TRANSHUMANISMO

Así ahora en los años 2020-2021 estaríamos en lo que los economistas y demográficos Neil Howe y William Strauss denominaron la etapa del "cuarto giro". Howe y Strauss (quien murió en 2007) realizaron su predicción tras elaborar una original teoría según la cual la historia estadounidense se desarrolla en ciclos de aproximadamente 80 años a través de los cambios provocados por las características de las distintas generaciones. Entre otras cosas, estos investigadores fueron quienes acuñaron el término "millennials" para referirse a los nacidos a principios de de la década del 80 del siglo XX.

Su modelo, además, apuntaba a la llegada de una crisis generacional que obligaría a los millennials a enfrentar una situación complicada a inicios de su edad adulta, en la segunda década de este siglo XXI, es decir a partir precisamente del año 2020.

Con la llegada de la crisis del Covid-19, Neil Howe se volvió en una de las voces más interpeladas en trazar los escenarios posibles después de la pandemia, ya que su teoría había conseguido predecir la crisis actual 2020-2021.

Así pues en sus libros "Generations" y en el posterior "The Fourth Turning" (El Cuarto Giro, 1997), Howe y Strauss aseguraron que la historia mundial está impulsada por ciclos de generaciones que duran entre 20 y 23 años. Cada cuatro períodos, a los que llamaron "Giros", hay una gran crisis. La última gran Crisis empezó con la catastrófica cáida del mercado de valores conocida como el "Crac de 1929" y acabó después de la Segunda Guerra Mundial en 1945.

Así pues teóricamente cada giro tiene sus propias características, pero finalmente cada aproximadamente ochenta o noventa años llega el Cuarto Giro, una época de crisis política y social "cuando nos reinventamos cívicamente y renacemos como comunidad nacional". Este periodo está marcado en la actualidad por la generación millennial, los nacidos en los años 80.

Para los autores, el Cuarto Giro comenzó con la crisis financiera y la Gran Recesión de 2008 y finalizará alrededor del 2030. Ahora, según Howe, estamos a mitad de esta fase, la cual es peligrosa.

En este momento el cuarto giro trae consigo una tendencia a la automatización total de la manufactura. De hecho el nombre de la cuarta revolución industrial proviene de un proyecto de estrategia de alta tecnología del gobierno de Alemania, sobre el que trabajan desde 2013 para llevar su producción a una total independencia de la mano de obra humana.

La automatización en este caso corre por cuenta de sistemas ciberfísicos, que se hacen realidad gracia al "internet de la cosas" y al cloud computing o nube (almacén de datos en servidores de internet). Así pues los sistemas ciberfísicos, que combinan maquinaria física y tangible con procesos digitales, son capaces de tomar decisiones descentralizadas y de cooperar entre ellos y con los humanos mediante el internet de las cosas. Según dicen los teóricos,es una "fábrica inteligente".

¿Y qué pasará con el empleo?

El principio básico es que las empresas podrán crear redes inteligentes que podrán controlarse a sí mismas, a lo largo de toda la cadena de valor, provocando resultados económicos  impactantes según calculó la consultora Accenture en 2015. Según este cálculo una versión a escala industrial de esta revolución podría agregar US$14,2 billones a la economía mundial en los próximos 10-15 años.

En el Foro Económico Internacional de Enero del 2016 se habló de lo que los académicos más entusiastas tenían en la cabeza cuando hablaban de Revolución 4.0, es decir: nanotecnologías, neurotecnologías, robots, inteligencia artificial, biotecnología, sistemas de almacenamiento de energía, drones e impresoras 3D, etc.

Pero desafortunadamente la cuarta revolución podría acabar con cinco millones de puestos de trabajo en los 15 países más industrializados del mundo.

Revolución, ¿para quién?

Son precisamente los países más avanzados los que encarnarán los cambios con mayor rapidez, pero a la vez los expertos destacan que son las economías emergentes, que actualmente se encuentran en el continente asiático, las que podrán sacarle mayor beneficio.

La cuarta revolución tiene el potencial de elevar los niveles de ingreso globales y mejorar la calidad de vida de poblaciones enteras, apunta Klaus Schwab, las mismas que se han beneficiado con la llegada del mundo digital (y la posibilidad de por ejemplo hacer pagos, escuchar música o pedir un taxi desde un teléfono móvil). Sin embargo, el proceso de transformación sólo beneficiará a quienes sean capaces de innovar y adaptarse.

Así pues lo resume David Ritter, CEO de Greenpeace Australia/Pacífico en una columna sobre la cuarta revolución para el diario británico The Guardian: "El futuro del empleo estará hecho de trabajos que no existen, en industrias que usan tecnologías nuevas, en condiciones planetarias que ningún ser humano jamás ha experimentado".

<u>¿Qué opinan los empresarios al respecto de la cuarta revolución industrial</u>?

Según datos del Barómetro Global de Innovación del año 2016:

El 70% de los ejecutivos tiene expectativas positivas.

El 85% cree que las innovaciones de los sistemas ciberfísicos serán beneficiosas.

El 64% está dispuesto a asumir los riesgos de innovar.

El 17% teme por el impacto negativo en los trabajadores.

De todas maneras la implementación de la cuarta revolución industrial por regiones es desigual, y son los mercados emergentes de Asia principalmente los que están adoptando los cambios de manera más disruptiva que sus homólogos de economías desarrolladas.

Según este mismo estudio "Ser disruptivo (que produce una ruptura para propiciar una renovación radical) es el estándar de oro para ejecutivos y ciudadanos, pero sigue siendo un objetivo complicado de llevar a la práctica", reconoce el estudio.

Así, no todos ven el futuro con optimismo: los sondeos reflejan las preocupaciones de empresarios por el "darwinismo tecnológico", donde aquellos que no se adapten no lograrán sobrevivir.

Y si ello ocurre a toda velocidad, como señalan los entusiastas de la cuarta revolución, el efecto puede ser más devastador que el que generó a su turno la tercera revolución.

La consecuencia lógica es que la revolución tendrá que escribir una nueva relación entre los hombres y los robots. Pero detrás hay dilemas éticos y sociales por resolver, según dicen los críticos y como parece lógico.

Así pues el temor de algunos críticos respecto a la cuarta revolución industrial, es que las élites justifiquen todos los cambios que traiga esta revolución como una justificación de sus valores.

Ritter dice al respecto de las limitaciones de estos cambios: "Dado que mantener el status quo no es una opción, necesitamos un debate fundamental sobre la forma y los objetivos de esta nueva economía."

Pero hay quienes no creen que se trate de una cuarta revolución. Con estas palabras lo expresa Bdale Garbee, un especialista en computadores que trabajó para el Proyecto Debian y para Debian GNU/Linux: "Es cierto que los cambios son muchos y muy profundos, pero el concepto fue por primera vez usado en 1940 (en un documento de una revista de Harvard titulado "La última oportunidad de Estados Unidos", que pintaba un futuro sombrío por el avance de la tecnología), y su uso representa una "pereza intelectual".

Otros teóricos más pragmáticos  alertan de que la cuarta revolución no hará sino aumentar la desigualdad en el reparto del ingreso y traerá consigo toda clase de dilemas de seguridad geopolítica.

Incluso el mismo Foro Económico Mundial reconoce que "los beneficios de la cuarta revolución industrial están en riesgo por medidas proteccionistas, especialmente barreras no tarifarias y normativas del comercio mundial, que se han exacerbado desde la crisis financiera de 2007, lo cual supone un desafío que la cuarta revolución deberá sortear si quiere entregar lo que promete.

Garbee al respecto del debate ético y moral sobre la cuarta revolución industrial dijo: "El entusiasmo no es injustificado, estas tecnologías representan avances asombrosos. Pero el entusiasmo no es excusa para la ingenuidad y la historia está plagada de ejemplos de cómo la tecnología pasa por encima de los marcos sociales, éticos y políticos que necesitamos para hacer buen uso de ella".

De hecho el transhumanismo, que según Wikipedia es un movimiento cultural e intelectual internacional, que tiene como objetivo final transformar la condición humana mediante el desarrollo y fabricación de tecnologías ampliamente disponibles, que mejoren las capacidades humanas, tanto a nivel físico como psicológico o intelectual, ya está abriendo el debate sobre lo que realmente significa ser humano, debate ya abierto por las ideología de género que reconoce la existencia de muchos géneros sexuales aparte del masculino y femenino, lo cual nos lleva a preguntarnos qué es realmente el ser humano y su sexualidad. De esta manera el transhumanismo abrirá también el debate sobre el tipo y clases de seres humanos o seres transhumanos que existen, y que serán el resultado de implantarles piezas o dispositivos en su cuerpo o cerebro conectados a internet, cuyo resultado se defiende ya como una evolución del ser humano, aunque tal vez debería verse más bien como una involución. De esta manera puede que la antigua pregunta de hasta dónde puede el ser humano jugar a ser Dios se plantee de nuevo. Ya no se tratará de a alguien que le falta una pierna o un brazo de ponerle una prótesis para mejorar su calidad de vida, o de alguien a quien le falla un órgano de transplantarle un órgano artifical impreso con tecnología 4D, sino de añadir apéndices, piezas o dispositivos digitales al cuerpo o cerebro humano para en teoría mejorar o evolucionar la especie humana.

# 24

# Pronóstico sobre el futuro al que nos dirigimos

Me gustaría ser positivo al respecto pero el avance de la agenda globalista desde sus comienzos aproximadente desde 1921 con la fundación del Consejo de Relaciones Exteriores, con la intención de apoyar a la Liga de Naciones, antecedente directo de la ONU, y posteriormente con los acuerdos de Bretton Woods y la consiguiente formación del Banco Mundial en 1944, y de la Organización de Naciones Unidas y del Fondo Monetario Internacional en 1945, ha sido continuo y cada vez se ha extendido a más gobiernos de más naciones, cuyos políticos se han rendido a los dogmas y objetivos de la agenda globalista con más o menos resistencia.

Además esta agenda globalista o Nuevo Orden Mundial parece coincidir con la situación del mundo en el final de los tiempos que se describe en la biblia en el libro del Apocalipsis, capítulo 17 versículos 16 a 18 donde una bestia ordenará que nadie pueda comprar o vender sin que a esas personas antes se les ponga la señal de la bestia "666" en la mano derecha o en la frente. Así dice la biblia: "Además exigió que a todos —pequeños y grandes; ricos y pobres; libres y esclavos— se les pusiera una marca en la mano derecha o en la frente. [17] Y nadie podía comprar ni vender nada sin tener esa marca, que era el nombre de la bestia o bien el número que representa su nombre. [18] Aquí se requiere sabiduría. El que tenga entendimiento, que resuelva el significado del número de la bestia, porque es el número de un hombre. Su número es 666."

Por lo tanto sí que parece que al final del los tiempos habrá un control mundial férreo sobre las personas, que cada vez es más posible gracias a la nuevas tecnologías como el internet 5G, que ya permite instalar multitud de cámaras conectadas a internet en las ciudades con tecnología de reconocimiento facial para el control de la población, o el internet de las cosas, que permite que dispositivos electrónicos más allá de teléfonos móviles, ordenadores o tablets puedan estar conectados a internet y transmitan datos, como por ejemplo un frigorífico podría enviar información sobre cada vez que falta algún alimento y hacer un pedido de forma automática por internet para reemplazarlo. Aunque esta tecnología pueda ser últil en muchos aspectos, es intrusiva y permite tenernos controlados y localizados en todo momento. Así estas tecnologías que permiten que sea posible la cuarta revolución industrial, aunque realmente mejoran la forma de vivir de las personas y los procesos productivos, tienen una desventaja igual o incluso más grande en la pérdida de privacidad que genera el utilizarlas.

Como bien sabemos la nuevas tecnologías nos pueden ser útiles para gestionar y hacer muchas cosas con más rapidez y eficiencia, pero también pueden servir desafortunadamente para controlarnos mejor. A pesar de que cada vez se legislan leyes más estrictas respecto a la protección del uso de los datos privados de las personas, y en concreto los datos privados que las empresas pueden ver o compartir con otras empresas, es bien sabido por los abogados que de las leyes que más se siguen incumpliendo a día de hoy es precisamente la de privacidad de datos, empezando por empresas tecnológicas como Facebook, que a mediados del año 2019 fue multada por los reguladores estadounidenses con una multa de 5.000 millones de dólares (unos 4.500 millones de euros), por violar sus propias políticas para la proteccion de los datos de los usuarios, con una fuga de datos de unos 87 millones de usuarios.

Este control cada vez más intenso y cercano de la población ya se está produciendo a día de hoy con las restricciones de los derechos y libertades indivuales a causa de la pandemia del Covid-19, a través de confinamientos, toques de queda, censura en las redes sociales, etc. Incluso para mediados del año 2021 se prevé la implantación de un pasaporte Covid, que básicamente consistirá en un código QR con información acerca de si tenemos realizado un PCR negativo, y de si tenemos puestas todas las dosis de la vacuna del Covid-19 para permitirnos viajar o entrar en un país. Incluso más adelante está previsto que nos soliciten este código QR para entrar en ciertas tiendas, ir a conciertos, entrar en el cine, etc.. Uno de estas apps, que emitirá el pase QR llamado Travel Pass (Pase para Viajar), lo está desarrollando la agrupación de aerolíneas IATA junto con la fundación perteneciente al Foro Económico Mundial llamada Common Project (Proyecto Cómun), y otra app con exactamente el mismo fin emitirá el Common Pass (Pase Común), desarrollada por el Common Project también.

Incluso con el transhumanismo este control por parte de gobiernos o entidades supranacionales globalistas puede alcanzar un nuevo grado, es decir, lo que en teoría es la ciencia de mejorar o llevar el cuerpo y la mente humana a un nivel superior, es decir con la implantación de dispositivos, apéndices o chips en el cuerpo o cerebro humanos que estarán conectados a internet y que transmitirán datos de forma casi continua a la red, también será la tecnología perfecta para poder almacenar todos nuestros datos privados y poder controlarnos mejor.

# Visión personal

Yo soy cristiano evangélico y por lo tanto tengo una cosmovisión de la vida cristiana, es decir soy provida y me posiciono en contra del aborto. Así pues pienso que Dios creó al hombre y a la mujer para procrearse (valga la redundancia) dentro del matrimonio, y por lo tanto no estoy de acuerdo con la ideología de género LGTBIQ+. De acuerdo con la versión más clásica del cristianismo creo que es pecado que un hombre tenga relaciones sexuales con otro hombre o una mujer con otra mujer, o que una persona se hormone y cambie de sexo, porque el sexo lo da Dios, y éste básicamente ya se puede observar en un bebé al nacer según sean sus órganos genitales.

Pero a pesar de mi cosmovisión cristiana entiendo que si otras personas piensan de forma genuina que el aborto, la eutanasia o los derechos LGTBIQ+ son algo correcto y que debe defenderse, entiendo que defiendan estos valores, pero no imponerlos a los demás como si fueran la verdad absoluta indiscutible. Así pues por ejemplo no es realmente ético imponer ningún tipo de ideología a los niños en la escuela si sus padres no están de acuerdo con ella, como ya pasa e incluso va a pasar más aún en España con la recientemente aprobada reforma educativa, llamada Ley Celá, aprobada a finales de Diciembre del 2020, o por ejemplo tampoco creo que sea ético crear leyes en las que si alguien por decisión propia desea dejar de ser homosexual, se multa a la persona que vaya a ayudarla con ese proceso, porque de esta manera no se respeta la libre voluntad de la persona.

En definitiva, cada uno debería vivir como quiera y dejar vivir a los demás como quieran dentro del respecto a las leyes, pero respetando la ideología e ideas de los otros sin imponerlas. Por ejemplo, tanto los cristianos deben respetar a las personas que creen en la ideología de género, aunque bajo el amparo de la libertad de expresión la critiquen (la ideología de género) de forma respetuosa sin que haya censura al respecto, como los partidarios de la ideología de género deben respetar la fe de los cristianos.

# Conclusión

Avanzamos desde aproximadamente la fundación del Consejo de Relaciones Exteriores en 1921 hacia una agenda globalista impuesta a los gobiernos de las naciones por políticos, financieros, magnates de los medios de comunicación, de las empresas farmacéuticas y de las grandes empresas tecnológicas, con una agenda contraria a los  intereses nacionales, y este proceso no parece tener paso atrás.

Además como ha demostrado la historia, las democracias en las naciones están en constante peligro de extinción por parte de políticos que buscan alcanzar y perpetuarse en el poder a través de promesas electorales que muchas veces no cumplen, y con el mantenimiento de redes clientelares o de clases beneficiadas que reciben privilegios para que a cambio les voten. Además en muchos casos estos políticos si es necesario acaban cambiando leyes y controlando las instituciones, socavando la división de poderes, y eliminando o censurando a la oposición, etc. instaurando así dictaduras para conseguir sus objetivo de perpetuarse en el poder.

Así pues es necesario defender las democracias en nuestras naciones con manifestaciones y movimientos civiles bien dirigidos como verdaderos patriotas, ya que ahora la verdadera lucha de poder es entre patriotas y globalistas, no entre políticos de derechas e izquierdas, que a menudo sirven y están controlados por la misma agenda globalista.

De hecho ya estamos experimentando el recorte de nuestros derechos indivuales con la excusa del Covid-19, en lo que el mismo Foro Econónico Internacional denomina el mayor experimento psicológico del mundo, para comprobar hasta cuándo y dónde los seres humanos somos capaces de resistir en el recorte de nuestras derechos y libertades de movimiento, de expresión, de religión, etc. Precisamente esta libertad de expresión también peligra por la censura impuesta por las grandes empresas tecnológicas y algunos gobiernos nacionales a las opiniones diferentes a la corriente oficial, respecto a grandes temas como la pandemia del Covid-19, el resultado de las elecciones en una nación o las verdaderas intenciones de los políticos, por ejemplo.

Así pues es necesario valorar nuestros derechos y libertades individuales y luchar por ellos, manifestarse, protestar colectivamente para que no utilicen el Covid-19 o cualquier otra excusa con el fin de cercenar nuestros derechos.

También es necesario comenzar a emigrar a otras redes sociales que garanticen la libertad de expresión, lo cual además abrirá nuevas oportunidades a otras empresas tecnológicas más pequeñas.

Por otro lado aunque seguramente vendrán tiempos mejores, según parece indicar la biblia como ya se comentó en un capítulo anterior, en los últimos tiempos se producirá un control férreo de la población, tanto de todo lo que se compra como de lo que se vende, que es precisamente lo que permite hacer la cuarta revolución industrial (el control) y sus tecnologías relacionadas: la tecnología 5G, el internet de las cosas, la robotización y automatización inteligente de los procesos productivos, y también los movimientos cibernéticos asociados a estas tecnologías como  el transhumanismo,

La agenda globalista como se ha explicado es igual de peligrosa y perjudicial tanto para cristianos, musulmames, personas de cualquier religión, filosofía, agnósticos y ateos, porque su objetivo es que las naciones soberanas cada vez pierdan más poder y autonomía en favor de una élite globalista no elegida por el pueblo, que impone su agenda de forma autoritaria y cada vez de forma menos disimulada y abierta.

En el fondo estas elites no están interesadas en defender los derechos de los colectivos excluídos de la sociedad, de los inmigrantes, del colectivo LGTBIQ+, etc., sino de aprovechar la defensa de estos derechos para subvertir el orden interno erosionando los valores nacionales, y así poder crear una sociedad más susceptible a la agenda globalista y tener una excusa para la implantación de esta dictadura.

Así pues por nuestro bien a la hora de votar a nuestros gobernantes, tengamos en cuenta que todavía hay políticos, casi siempre de la derecha política, que aunque impopulares para muchas personas, todavía se oponen a la imposición de la agenda globalista a través de sus distintos dogmas.

Así pues podemos estar de acuerdo o no con la ideología de género, con el aborto, la eutanasia, etc., pero independientemente de nuestras creencias al respecto de éstas ideologías, hemos de saber que son utilizadas para la imposición de una dictadura mundial, pues las élites globalistas están en el fondo interesadas en controlar el mundo siguiendo su propia agenda, y no mucho en defender los derechos de las personas.Si realmente estuvieran interesados en defender los derechos y libertades de las personas, no intentarían imponer una agenda globalista mundial, sabiendo que nadie les ha votado o legimitado para hacerlo.

Para dudas o comentarios acerca de este libro pueden escribirme a:
cesar.munoz.madrigal@gmail.com

# Bibliografía y fuentes consultadas

- El libro de César Vidal "Un mundo que cambia" publicado en el 2019, ha sido la obra de referencia en general para documentarme sobre los dogmas de la agenda globalista, los iconos de la agenda globalista y la resistencia a la agenda globalista.

-El vídeo de YouTube del Financial Times que se menciona en el capítulo de "Testimonio personal" se puede encontrar en inglés con el título de "Why capitalism needs to be reset in 2020" (¿Por qué es necesario que el capitalismo sea reseteado en el año 2020?, publicado con fecha de 30 de Diciembre del 2019, en el siguiente enlace: https://youtu.be/3MKvVcQuD4E

- Referente al geólogo experto en cambio climático Don Easterbrook y su sesión en el Senado de Estados Unidos con fecha del 26 de Marzo del 2013, que menciono en el capítulo de "Testimonio personal", se puede encontrar el vídeo original en inglés en YouTube en este enlace: https://youtu.be/udTS_O1f7-E, con el título de "Cimate Changue Sanate Herían" (Audiencia del Senado sobre cambio climático),

- Referente al astrofísico y científico del clima, el Dr. Willie Son, que menciono en el capítulo del "Testimonio Personal", referente al efecto del sol sobre el calentamiento global y acerca de las manchas solares, el vídeo en YouTube sobre la conferencia se puede encontrar en este vídeo que se titula: "Te San Alzo Works: Dr. Willie Son Shows te Sun-Climate Connection" (El sol también calienta: el Dr. Willie Soon muestra la conexión entre el sol y el clima.): https://youtu.be/KazGXAqgkds

-El vídeo de YouTube titulado "La historia en profundidad detrás de un fraude climático" investigado y narrado por el Dr. John Robson, que es el director ejecutivo del Climate Discussion Nexus (Nexo de Debate Climático), y que me hizo entender porqué no hay un consenso científico mundial del 97% sobre el calentamiento global, se puede encontrar en inglés en este enlace: https://youtu.be/ewJ6Tl8ccAw

- Los datos sobre la "Cuarta Revolución Industrial" que aparecen en el capítulo con este mismo título, han sido mayormente sacados del artículo de Valeria Perasso publicado en el diario ABC Mundo bajo el título "Qué es la cuarta revolución industrial y por qué debería preocuparnos), que se encuentra en este enlace: https://www.bbc.com/mundo/noticias-37631834

- La información sobre el Cuarto Giro fue extraída parcialmente de un artículo publicado el 25 de Junio del 2020, en el diario Infobae bajo el título "El cuarto giro: la sombría advertencia de Neil Howe, el historiador que predijo una grave crisis en 2020", y que se puede encontrar en este enlace:

https://www.infobae.com/america/mundo/2020/06/25/el-cuarto-giro-la-sombria-advertencia-de-neil-howe-el-historiador-que-predijo-una-grave-crisis-en-2020/


Gracias a todos ellos por contribuir a la documentación de este libro.